Jan Weiler

Max

JAN WEILER

MAX

MEMOIREN EINES SCHULANFÄNGERS

Mit Illustrationen
von Ole Könnecke

dtv

INHALT

KLEIN SEIN

ALSO, was blöd ist, das ist, dass ich noch so klein bin, zum Beispiel bin ich zu klein, um an den Kakao dranzukommen, der steht nämlich auf dem Bord in der Küche, und wenn ich Kakao möchte, muss ich fragen und meine Mama sagt, okay, gleich, aber das dauert mir zu lange und deshalb muss ich klettern, und zwar mache ich die untere Schublade vom Küchenschrank auf und die zweitoberste auch und dann kann ich ziemlich fix raufklettern, und wenn ich mich hinstelle, dann komme ich an den Kakao, aber ich darf mich nicht am Bord hochziehen, sonst bricht es ab und dann fliegt alles runter und meine Mama ruft Ogottogott und was habe ich jetzt wieder angestellt und sie hätte ein so schönes Leben haben können und was hat sie, nichts als Ärger und der Handwerker muss kommen und alles reparieren und das kostet, kostet, kostet und für das Skateboard sieht sie

schwarz und außerdem sei ich zu groß für Kakao, und das verstehe ich nicht: zu groß für Kakao, aber zu klein zum Drankommen, und jedenfalls mag ich Handwerker, weil die meistens lustig sind, wie der eine, der neulich die Waschmaschine gebracht hat, die in den Keller musste, und beim Runterbringen hat er geschwitzt wie der Käse, den ich im Sommer in der Sonne vergessen habe, und dann hat er geschimpft, der Handwerker, und Mama hat gesagt, er soll etwas leiser fluchen, damit der Junge – das bin ich – das nicht alles hört, und am Ende denkt jemand, sie würde dem Jungen so etwas beibringen, dabei hatte ich ihn gar nicht verstanden und das war schade, aber am Ende hat er mich mit seiner Karre durch den Garten gefahren und gesagt, ich sei ja schon ein richtig großer Junge und er könne mich gerne mitnehmen, wenn Mama mich nicht mehr wollte, aber dann ist er doch ohne mich losgefahren und Mama und ich haben uns die neue Waschmaschine angesehen und sie hat ein extragroßes Loch gehabt und ich habe der Mama gezeigt, dass ich da reinpasse, und das hat ihr gar nicht gefallen und Papa hat abends gesagt, das wäre zu gefährlich mit einem Knirps wie mir und am Ende klettere ich rein und die Tür geht zu, nicht auszudenken,

und ich sei einfach noch zu klein für so eine große Waschmaschine, und am nächsten Tag kam der Mann wieder und hat die Waschmaschine raufgeschleppt und eine andere mit einem kleinen Loch wieder runter und er hat noch viel mehr geschimpft als am ersten Tag und er war auch nicht mehr so lustig und am Ende hat er gesagt, die neue Maschine sei besser für kleine Leute wie mich, und da muss ich jetzt mal sagen: Mit den Erwachsenen ist es wirklich nicht leicht, mal ist man schon zu groß und mal zu klein, sie können sich einfach nicht entscheiden.

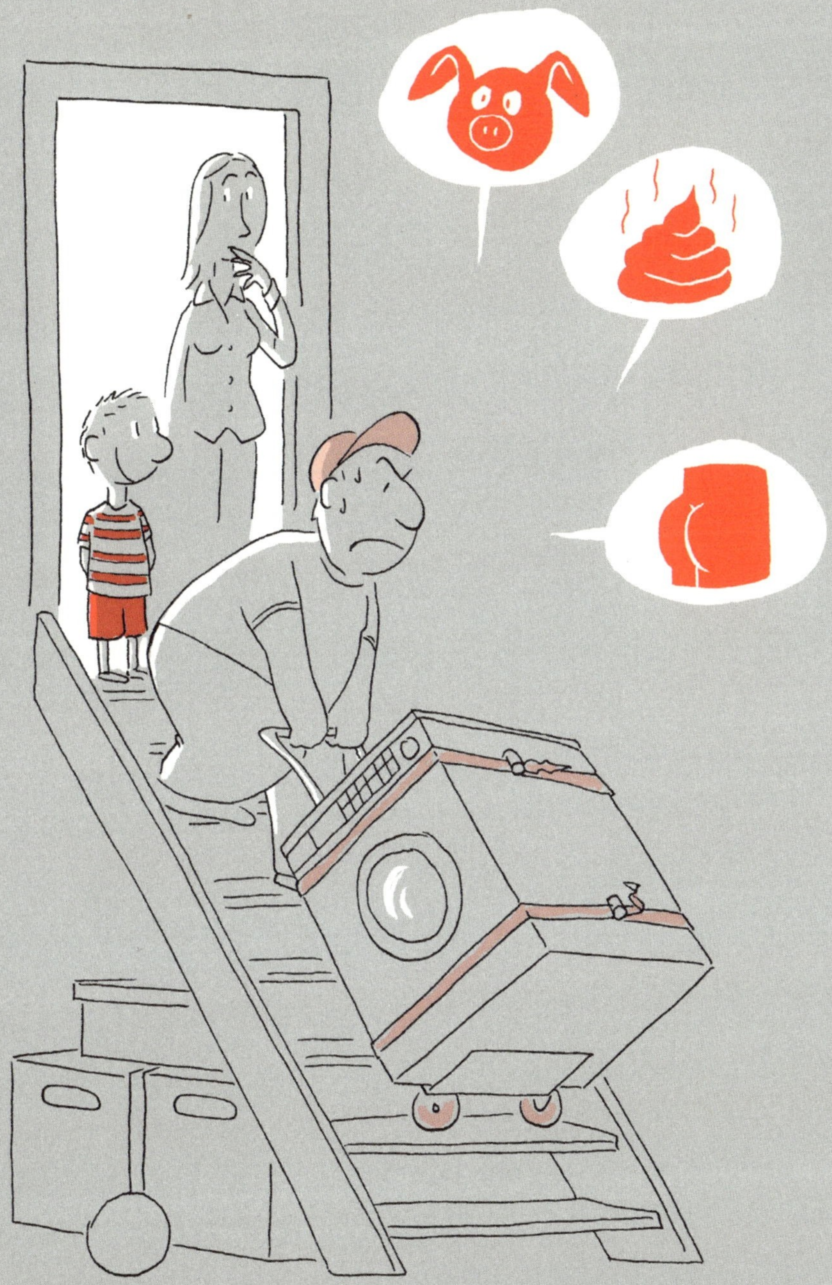

MEIN ERSTER SCHULTAG

ALSO, als ich in die Schule gekommen bin, das war super, denn ich habe natürlich eine Schultüte bekommen und alleine deshalb hat es sich schon gelohnt, es war nämlich eine Menge Süßigkeiten drin, und eigentlich darf ich am Tag nur eine Süßigkeit haben, aber an dem Tag war es egal, da habe ich ziemlich viel davon gegessen, schon bevor wir überhaupt losgegangen sind, und eigentlich war mir ganz schön schlecht, aber ich habe es mir nicht anmerken lassen, damit meine Eltern nicht sagen: So, das hast du davon, in Zukunft gibt es für dich keine Süßigkeiten mehr, bloß Radieschen oder so was, und jedenfalls mussten wir uns in der Turnhalle hinsetzen und die älteren Kinder haben was vorgesungen und geturnt,

aber das hätte ich auch schon gekonnt und ich habe gedacht, na prima, hier lernt man also Purzelbaum, ich habe sogar schon mal einen zweifachen Purzelbaum gemacht, nur bin ich nach dem zweiten die Treppe runtergepurzelt und alle haben sich erschreckt, dabei hat es gar nicht wehgetan, jedenfalls wurden dann alle Kinder aufgerufen, die in eine Klasse gekommen sind, und das sind bei uns 26 und davon sind genau 13 Mädchen, das ist die Hälfte, hat die Mama gesagt und alle meine Freunde waren dabei, auch der Fritz, und das hat mir gut gefallen, weil wir dann sofort Blödsinn machen konnten,

und Fritz hat sich die Bleistifte aus seinem Mäppchen in die Nase gesteckt und ganz komisch geguckt und erst haben wir alle gelacht, aber dann haben wir gemerkt, dass er es selber gar nicht so lustig fand, und die Lehrerin Frau Kördel, die ist sehr hübsch, die Frau Kördel, und sie hat den Direktor geholt und den Hausmeister und sie haben um Fritz rumgestanden und der Direktor hat den Kopf geschüttelt und dann haben sie die Mutter vom Fritz geholt, die war nämlich noch da und hat mit meiner Mama Kaffee getrunken und sie musste ihn wieder mitnehmen und er hat wirklich komisch ausgesehen, und da war der erste Schultag schon vorbei und ich weiß noch, dass ich gedacht habe, dass Schule eine ziemlich aufregende Sache ist, wenn man einen Freund wie den Fritz hat.

EINKAUFEN

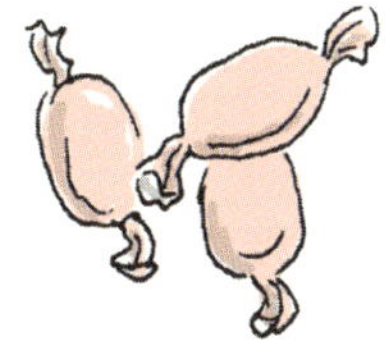

ALSO, was ich wirklich gerne mache, das ist einkaufen, wobei ich lieber mit dem Papa einkaufen gehe als mit der Mama, weil der sich nicht so gut auskennt und man bekommt viel mehr als bei der Mama, sie kennt nämlich alle, alle Dinge, die man überhaupt einkaufen kann, und das meiste findet sie blöd und sie kauft so einen Schwachsinn nicht und überhaupt hat sie immer einen langen Zettel, wo alles draufsteht, was sie braucht, und dann schickt sie mich los und sagt, ich solle fünf Bananen holen oder zwei Packungen Milch,

während sie beim Käse steht, und dann sause ich los und hole alles und bringe es zum Wagen und einmal habe ich ganz viel geholt und habe es in den Wagen geworfen und da hat eine fremde Stimme zu mir gesagt: Nanana, das ist aber nicht für mich, und ich habe hochgeguckt und da stand eine ganz alte Frau und ich hatte die Sachen in den falschen Wagen geworfen, aber meine Mutter hat sie wieder rausgeholt, und wenn ich brav helfe, kann ich mir an der Kasse eine Süßigkeit aussuchen, aber nur eine und kein Heft mit Geschenk dran, die darf ich nicht mehr haben, weil das immer nur Blödsinn ist, hat meine Mama gesagt und deshalb gehe ich lieber mit Papa einkaufen, das macht viel mehr Spaß und wir gehen in den Supermarkt und er sagt, so, was brauchen wir denn alles, und dann zeige ich ihm, was ich so brauche, und er fragt immer, ob das wirklich nötig ist, und ich sage, ja, total dringend irre nötig, und er sagt, na gut, und ich darf mir meinen Lieblingsjoghurt aussuchen und Wackelpudding und Toast und Ketchup und Mayo (beides in EINER einzigen Tube) und Gummischlangen und rote Limonade und das Klopapier mit dem Bären und ein Heft mit einer Spionlampe und noch etwas an der Kasse, da sagt Papa aber, jetzt ist es mal gut, und ich sage, dass ich bei Mama aber immer was von der Kasse darf, und er sagt, na ja, wenn das so ist, dann such dir halt was aus, und dann kauft er noch Eis für uns beide und sagt, wir müssten das Eis schnell aufessen, bevor wir zu Hause sind, damit Mama nicht schimpft, und das ist für mich kein Problem und wir fahren nach Hause und stellen die Sachen in die Küche und dann höre ich die Mama rufen, dass sie die Motten kriegt und ob der Papa eigentlich einen Vogel hat und sie würde sich bemühen, die Kinder zur Bescheidenheit zu erziehen, aber Papa sagt, das seien alles total dringend irre nötige Dinge, und ich finde, da hat er recht, und man muss schon sagen, in Erziehung ist mein Papa echt gut.

PAUSE

ALSO, in der Pause habe ich viel zu tun, ich muss dann nämlich erst mal nachgucken, was auf meinem Brot ist, und meistens ist es Salami oder Käse, und wenn Papa es gemacht hat, ist fast immer auch ein Gummibärchen drin oder ein Stück Schokolade und ich habe mal gehört, dass Mama ihm verboten hat, was Süßes rein zu tun, und ich soll lieber noch eine Möhre haben oder ein Stück Gurke, aber die wird fies, wenn man sie nicht schnell genug isst und total warm und schrumpelig und ein Gummibärchen eben nicht, das ist immer frisch und lecker und jedenfalls muss ich also erst einmal reingucken und manchmal tausche ich auch mit Leonhard, sein Papa ist nämlich Koch und der macht supertolle Pausenbrote mit ganz viel Verzierung und Leonhard mag die gar nicht soooo gerne, hat er gesagt, er will lieber mein Salamibrot, und nach dem Essen müssen wir zu den anderen und meistens ärgern wir dann die Mädchen und dann

kommt Frau Kördel und sagt, wir seien keine Kavalleriere, und das stimmt auch, weil die nämlich immer Pferde haben und wir haben keine Pferde, und danach spielen wir Fußball mit so einem kleinen Ball und der fliegt immer rüber zu dem Nachbarn, der ist schon uralt und sieht aus wie die Schildkröte von meiner Cousine, die ist auch alt (also die Schildkröte, meine Cousine ist neun), und wenn er den Ball einmal hat, dann gibt er ihn nicht mehr her und wir müssen losen, wer den Ball bei ihm aus dem Vorgarten holt, und das muss schnell gehen, weil er sonst die Tür aufreißt, und wenn man dann noch bei ihm auf dem Grundstück ist, wird man zu Stein und einmal ist mir das beinahe passiert, da habe ich beim Losen verloren, und als ich gerade den Ball hatte, ist die Tür aufgegangen,

aber ich glaube, er hat gar nicht wegen mir die Tür aufgemacht, sondern er wollte bloß zum Einkaufen und er hat gelächelt und gesagt, na, du kleiner Racker, aber es kann auch sein, dass er sich nur verstellt hat, so ähnlich wie die Hexe bei Hänsel und Gretel, auf jeden Fall bin ich manchmal richtig froh, wenn die Pause wieder zu Ende ist, aber echt.

KETCHUP

ALSO, das mit dem Fleck auf dem neuen Sofa war ich nicht, ich darf nämlich gar nicht essen auf dem Sofa, hat die Mama gesagt und dass man auf dem Stoff rumkleckert und etwas verschüttet und hinterher will es wieder keiner gewesen sein, und deshalb muss ich auf dem Boden vor dem Sofa essen, aber eigentlich mag sie das auch nicht gerne, denn wir sind keine Barbaren und wir haben schließlich einen Esstisch und ich soll mich da hinsetzen, was ich auch mache, obwohl man vom Esstisch den Fernseher nicht sehen kann, und dann hat ja das ganze Abendbrot keinen Sinn und da sitze ich lieber auf dem Boden; jedenfalls ist es ein sehr helles Sofa und man sieht alles, alles, alles, hat meine Mama gesagt, und weil man alles sieht, hat sie auch den Fleck sofort entdeckt, aber der war auch nicht schwer zu finden, denn er war ziemlich groß und rot und mitten drauf und sie war ziemlich böse und hat natürlich zuerst mich verdächtigt, weil sie immer als Erstes mich verdächtigt, und ich habe angefangen zu weinen, weil ich gar nichts gemacht habe, und meine große Schwester hat gesagt, sie hätte nichts Rotes gegessen, und Mama hat gemeint, es ist bestimmt Ketchup, aber das hat nicht gestimmt, weil Ketchup auf Stoff ganz anders aussieht, damit kenne ich mich aus und Mama war total böse auf uns und dann ist Papa nach Hause gekommen und sie hat ihm den Fleck gezeigt und dann sagte er, das sei vielleicht er gewesen mit dem Rotwein und es täte ihm sehr leid und da hat Mama gesagt, er könnte es sich jetzt aussuchen, ob er ein Lätzchen umbindet, wenn er auf dem Sofa was trinken will, oder er kann sich wie Max vor das Sofa auf den Boden setzen, aber nicht mehr drauf und er hat gesagt, das sei sein Sofa und er könne seinen Wein trinken wo er will und da hat die Mama ganz komisch geguckt, ungefähr so wie damals, als ich mit ihrem Autoschlüssel die Farbe umgerührt habe, mit der Papa meinen Schrank angemalt hat, und dann musste ich ins Bett, dabei war ich noch nicht so müde und deshalb bin ich später noch mal ins Wohnzimmer gegangen, um zu sagen, dass ich nicht schlafen kann, und da haben die beiden auf dem Boden gesessen und sie hatten Kerzen angezündet und beide haben sie Rotwein getrunken und gar keine Flecken gemacht und sie waren

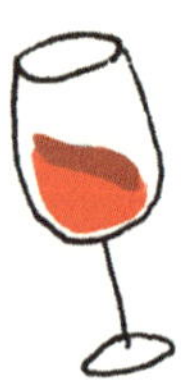

sehr gut gelaunt, aber ein bisschen komisch fand ich das schon: Erst kaufen sie ein teures Sofa und dann sitzen sie gar nicht drauf, sondern auf dem Boden und kichern – die sind schon echt ganz schön seltsam, meine Mama und mein Papa.

MEINE SCHWESTER

ALSO, ich habe auch noch eine Schwester und die heißt Therese und sie ist elf und blöd und sie kann schon Gitarre spielen und einen Kopfstand machen und ich kann nichts davon, aber dafür hat sie nur Mädchenspielsachen und man kann überhaupt gar nichts mit ihr anfangen, weil sie immer Mädchensachen sagt, wie: Mama, ich kann die Haarspange nicht finden oder so etwas und manchmal will ich aber trotzdem in ihr Zimmer, besonders wenn sie Besuch hat, aber sie will mich nicht dabeihaben und sie sagt, ich sei zu klein für die Sachen, die sie machen, und das stimmt aber gar nicht und ich jammere so lange rum, bis mein Papa sagt, sie sollen mich nicht ausschließen und Therese könne froh sein, dass sie keinen älteren Bruder habe und so weiter, und sie sagt, na gut, aber wenn er was kaputt macht, fliegt er raus und nach einer Minute fliege ich raus, weil ich über ihre Schleich-Tiere

getrampelt bin und alles geht von vorne los, und sie trägt manchmal Röcke und sie sagt, ich dürfte keine Röcke tragen, weil ich nur ein Junge sei, dabei will ich überhaupt keine Röcke tragen, ich bin doch nicht plemplem, und sie sagt, dass Jungen blöd sind und dass man überhaupt keine Jungen braucht und dass die Welt ein besserer Platz wäre, wenn es nur Mädchen gäbe, aber da bin ich nicht so sicher, weil dann niemand die Marmeladengläser aufkriegen würde, dafür braucht meine Mama meinen Papa ziemlich oft, und Therese hört den ganzen Tag nur Mädchenmusik und manchmal tanzt sie dazu mit ihrer Freundin Franzi und das sieht aus wie im Fernsehen, außer dass die im Fernsehen dabei nicht umfallen, und jedenfalls bin ich manchmal in ihrem Zimmer,

wenn sie nicht da ist, und dann mache ich eine Kontrolle und stelle fest, dass sie Schokolade in ihrer Schublade hat, und ich muss sie aufessen, bevor Mama die findet und Therese Ärger bekommt, und ich sehe ihre Barbie-Puppen an und es ist ein Mann dabei, obwohl man gar keinen braucht, und er hat nicht einmal eine Kämpfer-Ausrüstung, sondern bloß einen Tennisschläger und man kann ihn nicht als außerirdisches Monster für mein Legospiel gebrauchen, weil er nur doof grinst, aber neulich habe ich noch was gefunden, nämlich ein Foto von einem Jungen und als Therese wieder da war, habe ich sie gefragt, wer das ist, und sie hat geschrien, das ginge mich gar nichts an, aber ich weiß Bescheid und habe die Mama gefragt, ob der Junge da Thereses Marmeladenglas aufschraubt, wenn sie groß sind, und sie hat gelacht und gesagt, das könnte gut sein, aber ich weiß nicht, warum Therese dafür jemand Fremdes braucht, ich kann das schließlich auch, wenn ich groß bin.

ICH BIN TÄTOWIERT

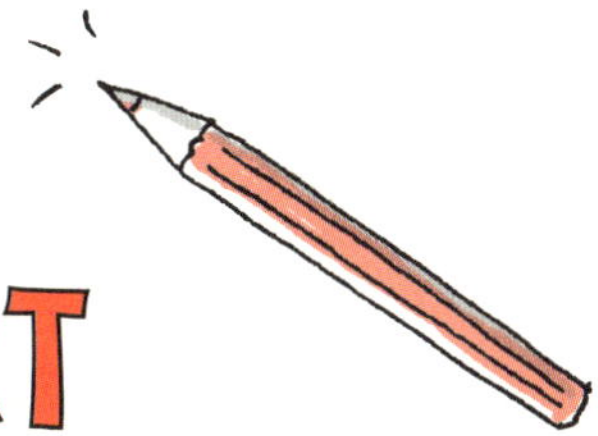

ALSO, ich habe jetzt ein Tattoo, mitten auf dem Bein, und meine Mama findet das gar nicht gut, hat sie gesagt, und ich fand das zuerst auch nicht so gut, aber jetzt finde ich es cool, und zwar kam das so, dass ich mich gestritten habe mit dem doofen Elias und der schielt und am Mittwoch kann er beide Sonntage sehen, das habe ich von meinem Papa, weil der das mal gesagt hat und ich habe es nicht richtig verstanden, aber der Elias hat das verstanden und er hat mir eine runtergehauen und das hat ganz schön wehgetan, aber es war nicht so schlimm, nur Frau Kördel hat das mitgekriegt und sie hat gefragt, was da jetzt schon wieder los ist und ob wir verrückt sind und mit so einer Einstellung bekommen wir nie ein Abitur und wir werden schon sehen, und Elias hat gesagt, dass ich ihn geärgert hätte, und das stimmt ja auch und dann habe ich gesagt, dass Elias mich gehauen hat, und das stimmte auch, aber Elias hat gesagt, er hätte mich gar nicht gehauen, und das stimmte eben nicht und da habe ich ihn getreten und das hat mir auch leidgetan und dann hat Frau Kördel gesagt, ich soll mich hinten hinsetzen und das habe ich auch gemacht und in der Pause habe ich mich mit Elias vertragen und dann haben wir wieder nebeneinander gesessen und dann war eigentlich alles okay, jedenfalls bis Elias angefangen hat, seinen Bleistift ganz superspitz anzuspitzen, weil er gesagt hat, der Bleistift sei sein Indianerspeer und wenn ihm jemand zu nahe kommt, dann sticht er zu und dann habe ich ihn geschubst und da hat er den Bleistift volle Möhre in mein Bein reingestochen, durch die Hose durch und als er den Bleistift wieder rausgezogen hat, war die Spitze weg, die steckte nämlich in meinem Bein und ich habe geheult, weil das so wehtat, und Frau Kördel ist mit uns zum Direktor und der hat meine Mama angerufen und dann sind wir zum Arzt gefahren und meine Mama hat geschimpft und hat gesagt, ich habe bestimmt eine Bleivergiftung und wenn sie den Elias in die Finger kriegt, dann setzt es was, aber der Doktor fand alles gar nicht so schlimm und er hat gesagt, ich bin jetzt tätowiert und das stimmt auch,

weil auf meinem Bein ein kleiner Punkt ist, so richtig unter der Haut, und der geht nie mehr weg und heute hatten wir Turnen und da habe ich das allen gezeigt und die Mädchen fanden mein Tattoo ganz schön cool und deshalb bin ich gar nicht mehr böse auf den Elias, der hat das ja auch nicht mit Absicht gemacht.

LANGE, LANGE, LANGE

ALSO, manchmal, da langweile ich mich und ich weiß rein überhaupt gar nichts mit mir anzufangen und gehe durchs Haus und tue so, als sei ich schwer verwundet, und ich schleppe mich zur Mama und sie bügelt und sagt, na, mein Mäxchen, mopst du dich und ich sage, ja, ich langweile mich ganz schlimm, und ich frage sie, ob sie eine Idee für mich hat, was ich mal machen könnte, und sie sagt, was soll ich machen, auf dem Kopf stehen und lachen, und ich sage, ich kann keinen Kopfstand und sie schlägt mir was anderes vor, zum Beispiel mit Playmobil eine Schlacht machen – aber dazu habe ich keine Lust – oder mit Lego ein Raumschiff bauen – aber dazu habe ich keine Lust – oder etwas Schönes für die Mama malen oder für den Papa, dann freut er sich, wenn er nach Hause kommt – aber dazu habe ich keine Lust – oder nach draußen gehen oder den Tobi besuchen – aber dazu habe ich keine Lust – oder etwas basteln und sie hilft mir sogar dabei – aber dazu habe ich keine Lust – oder später mit ihr einen Kuchen backen – aber dazu habe ich keine Lust – oder die Therese fragen,

LANGEWEILE

ob sie etwas mit mir spielt – aber dazu habe ich keine Lust – oder einfach mal mein Zimmer aufräumen – aber dazu habe ich doppelt keine Lust und dann sagt sie, tja, dann hätte sie auch keine Idee, und bügelt weiter und drückt auf die Dampftaste und es macht Tschschsch und alles ist sooooo langweilig und ich schleppe mich zu Ben, das ist unser Hund und er ist ein Mischling, sagt die Mama, aber der Papa sagt immer, das würde nicht stimmen und in Wahrheit sei der Ben ein isländischer Kraterwolfsmops, und meistens schläft der Ben und ich glaube, ihm ist auch schrecklich langweilig, und weil uns beiden gar nichts einfällt, was mir machen könnten, legen wir uns in den Sonnenstrahl ins Wohnzimmer und strecken die Beine von uns und schlafen ein, und wenn ich wieder aufwache, fällt mir sofort ein, was ich machen könnte, und ich kann euch nur sagen, wenn ihr euch langweilt, einfach schlafen und schwuppdiwupp ist die Langeweile weg.

BABYSITTER? BRAUCHE ICH NICHT

ALSO neulich, da waren Mama und Papa nicht da und das machen sie manchmal, dass sie abends eingeladen sind, und Mama sagt vorher, das wird bestimmt wieder sterbenslangweilig und Papa sagt, da hätte er einmal frei und dann muss er sich das Gewäsch von diesem Dieter anhören und immer würden sie von dort hungrig nach Hause kommen und ob Mama noch ein paar Brote für den Heimweg schmieren könnte, und sie sagt, sie könnten ja Schlag Mitternacht gehen, und ich frage, warum sie überhaupt wegfahren, wenn bei diesem Dieter alles so doof sei, und Papa sagt dann, das frage er sich auch, und sie gehen, ohne dass ein Babysitter kommen muss, denn wir sind ja schon soooooo groß, hat Mama gesagt und Therese passt auf mich auf, denn sie ist schon elf und sie kann ja anrufen, wenn was ist, und wenn Mama das sagt, dann klingt das immer so, als würde sie eigentlich hoffen, dass etwas passiert, aber es passiert nie was, außer letzte Woche, da waren sie wieder weg und ich habe Hunger bekommen und Therese hat gesagt, okay, sie macht uns noch etwas zu essen und sie hat Penne-Nudeln gemacht, aber keine Sauce, weil sie keine kann und da habe ich vorgeschlagen, wir können ja eine Dose von dem Zeug aufmachen, wo der Hund drauf ist, und ich würde schon auch mal Hund probieren, weil ich im Urlaub ja Tintenfisch gegessen habe und das war auch nicht schlimm, aber Therese hat gesagt, dass das in der Dose nicht Hunde wären, sondern für Hunde, und dann hat sie vorgelesen, was da draufstand, nämlich: Mit Rind, Vitaminen und frischem Geflügel und ich fand, das sind alles gute Sachen, besonders die Vitamine und das Geflügel, das ist nämlich Hühnchen und das essen alle Kinder gerne und Therese hat gesagt, wenn sie's macht, dann muss ich es auch essen und sie nicht enttäuschen und sie hat die Dose aufgemacht und alles in die Pfanne geschüttet und es hat nicht besonders gut gerochen, das muss ich schon sagen, aber wir haben trotzdem was davon gegessen, aber ich war schnell satt und später sind wir ins Bett und als Mama und Papa nach Hause gekommen sind, da haben sie uns geweckt und gefragt, ob wir das wirklich gegessen hätten, und Papa hat gesagt, das dürften sie eigentlich niemandem erzählen, dass sie ausgingen und ihre Kinder zu Hause warmes Hundefutter essen müssten, und Mama hat gelacht, aber ich weiß nicht warum, denn irgendwo hat der Papa schon recht damit, oder?

FUSSBALL UND MÄDCHEN

ALSO, das mit dem Fußball ist ziemlich schwer, weil, wenn einer zu nahe am Torwart steht, dann ist Absalz, jedenfalls habe ich das gedacht und mein Papa hat gesagt, das heißt Abseits und nicht Absalz, aber ich sage trotzdem Absalz, weil das der Martin auch sagt und sein Papa ist Schiedsrichter in der Kreisliga und deshalb muss es der Martin ja wissen und überhaupt: der versteht eine Menge vom Fußball, der Martin, und er kann auch super spielen, jedenfalls besser als die Maureen und die anderen Mädchen und die mischen sich immer ein, wenn wir Fußball spielen, und man kann sie schubsen, aber sie wollen trotzdem mitspielen, obwohl Mädchen sowieso keinen Sport können, sagt der Martin und das stimmt, weil die Mädchen auch nicht werfen können, sie nehmen nämlich den Schlagball und holen aus und schmeißen ihn sich dann direkt vor die Füße, und meine Mutter hat gesagt, ich soll nicht so hochnäsig tun, weil Mädchen nämlich viel, viel klüger sind

und andere Sachen können und das mag ja sein, aber dann sollen sie nicht immer versuchen, mit uns Fußball zu spielen, und jedenfalls haben neulich die Mädchen in der Pause gesagt, dass sie gegen uns spielen wollen, und da haben wir nur gelacht und die Maureen hat versucht, mir gegen das Schienbein zu treten, aber sie hat mich natürlich nicht getroffen und dann hat der Martin gesagt, na gut, wir spielen bis fünf und die Mädchen kriegen vier Tore Vorsprung und dann haben wir angefangen zu spielen und da sind wir auf den ältesten Trick der Welt reingefallen, hat mein Vater jedenfalls gesagt und der Trick geht so: Ein Mädchen lässt sich einfach mittendrin fallen und tut so, als ob sie heult und sich wehgetan hat und alle kommen gelaufen und gucken, was passiert ist, und wenn dann alle da sind, nimmt sich eine den Ball und schießt ihn rein ins leere Tor, und genau das haben die Mädchen

nämlich gemacht und Martin hat rumgebrüllt und jedenfalls sind die raffiniert, die Frauen, das muss man ihnen lassen, und meine Mutter hat gesagt, das soll uns eine Lehre sein und jetzt falle ich nicht mehr auf die Mädchen rein und morgen gibt es eine Rache und Martin hat schon gesagt, die putzen wir weg, aber ich bin da gar nicht so sicher.

KINO IST SUPER

ALSO, ich gehe supergerne ins Kino, weil da die Filme so schön laut sind und außerdem kann man in kleine Becken pinkeln, nicht so wie bei uns zu Hause, da gibt es drei Toiletten, aber man kann nicht einfach reinpinkeln, sondern man muss sich brav hinsetzen und es ist überhaupt nicht so cool wie im Kino, da haben sie nämlich so Becken an der Wand und da, wo man reinmacht, ist eine kleine Fliege draufgemalt und ich versuche immer, die Fliege zu treffen, und jedes Mal, wenn es heißt, wir gehen ins Kino, trinke ich sofort ganz viel, damit ich auf die Fliege pinkeln kann und das mache ich auch,

und zwar erst einmal vor dem Film, wenn wir gerade an der Kasse waren, und dann bekomme ich eine Limonade, die ich ganz schnell trinke, damit ich noch mal muss und das passiert dann auch, wenn wir sitzen, und da verpassen wir aber nichts, weil dann immer nur blöde Werbung kommt, und der Papa sagt zu mir, er geht mit und dann kommen wir zurück und der Film fängt an und nach ein paar Minuten muss ich schon wieder zur Fliege und der Papa kommt wieder mit und das wiederholt sich dann noch drei Mal und jedes Mal versuche ich, die Fliege irgendwie wegzupinkeln, aber das geht nicht, aber es wäre auch blöd, wenn sie abginge, denn dann würde es sich gar nicht mehr lohnen, ins Kino zu gehen, und das findet mein Papa auch, weil er gesagt hat, dass er nicht mehr ins Kino gehen würde mit mir, weil ich sowieso die Hälfte verpasse und da kann er genauso gut die DVD kaufen, weil man die anhalten kann, wenn man aufs Klo geht, aber da bin ich anderer Meinung, mir macht Kino einfach mehr Spaß.

ICH HABE VIEL ZU TUN

ALSO, wenn meine Mama und mein Papa wüssten, was ich alles so zu tun habe, dann würden sie nicht immer schimpfen, wenn ich meine Schulaufgaben nicht gemacht habe, da habe ich nämlich keine Zeit für, zum Beispiel gestern hätte ich sie ja eigentlich gemacht, aber dienstags muss ich mich beeilen, weil ich nur ganz wenig Zeit für das Mittagessen habe, denn ich muss schon um zwei beim Judo sein, das geht fast bis halb vier, mit umziehen, und danach muss ich zackzack wieder nach Hause, weil ich dienstags auch noch Klavier habe um vier, und meine Mutter hat gesagt, das lässt sich nicht anders machen, weil mein Klavierlehrer nämlich sehr berühmt ist und wir könnten froh sein, dass er mich überhaupt genommen hat, und das auch nur, weil

mein Papa gesagt hat, er kenne den Opern-direktor von Berlin, wo aber meine Mama hinterher gesagt hat, das würde gar nicht stimmen und der Papa hätte das dem Herrn Klokov nur vorgeflunkert, damit er mich doch nimmt, obwohl er das eigentlich nicht müsste, und das sagt er auch immer, wenn ich nicht übe, dann sagt er nämlich: Ich muss das doch nicht machen hier, ich kann doch auch nach Warschau gehen, und dann klopft er ganz komisch mit dem Finger an seine Stirn und er riecht ein bisschen aus dem Mund, der Herr Klokov, irgendwie nach Putzmittel, jedenfalls war ich gestern zu spät und er war ein bisschen böse deshalb und wollte wieder nach Warschau gehen und ich habe dann extra ganz schön für ihn gespielt und er war zufrieden, der Herr Klokov, und hat mir ein Pfefferminz geschenkt, obwohl er das lieber selber essen sollte, und dann war es auch schon halb fünf und ich habe meine Noten eingepackt und musste zur Oma, weil die gesagt hat, ich kriege bei ihr nur Kuchen, wenn ich nicht nach fünf klingele, weil dann die Frau Schönlebe kommt und mit ihr Eierlecker trinkt, und das habe ich auch schon mal probiert, aber es hat

gar nicht lecker geschmeckt, und als ich kam, war die Frau Schönlebe schon da und meine Oma hat mir dann den Kuchen eingepackt und ich habe ihn in meine Notentasche getan, wo er ganz zerdrückt war, als ich zu Hause ankam, und Mama hat ein bisschen geschimpft, weil die Sahne zwischen die Noten gekommen ist und der Herr Klokov so etwas gar nicht gerne sieht und bestimmt eines Tages nach Warschau geht, wenn ich so weitermache, und Papa war aber gar nicht böse und hat mit mir die Simpsons angesehen, weil er sagt, das sei ein Menschenrecht, und ich finde, danach mit der Playstation zu spielen ist auch ein Menschenrecht, und dann gab es Abendessen und danach musste ich mit meiner Schwester streiten und die Fische füttern und nachsehen, was der Apfel unter meinem Bett macht, aber er macht gar nichts und liegt dort nur herum und dann war ich aber ganz schön müde und die Hausaufgaben habe ich leider vergessen, aber da kann ich nichts dafür, denn das liegt nur daran, dass ich so viel zu tun habe.

ICH KANN MICH SCHON SEHR GUT BENEHMEN

ALSO am Sonntag, da mussten wir uns ganz fein machen, die Therese und ich, und ich habe den blöden Anzug anziehen müssen, den ich nicht leiden kann und Therese hat ausgesehen wie eine Erwachsene und Mama hat gesagt, heute müssten wir ihr mal eine kleine Freude machen und uns ganz super benehmen, denn der Onkel Winfried, der hätte Geburtstag und es sei sein fünfzigster Geburtstag, und ich wusste gar nicht, dass Leute so alt werden können, obwohl die Oma ja sogar noch älter ist, die ist schon über sechzig oder so, aber sie ist ja auch eine Oma, da geht das und Mama hat gesagt, wenn wir uns gut benehmen, dann ist vielleicht bald doch das Skateboard da, aber da kann sie mir viel erzählen, weil wenn sie die Rechenprobe sieht, ist das Skateboard wieder ganz weit weg und so geht das immer und eines Tages kaufe ich es mir selber, wenn ich groß bin, und jedenfalls haben Therese und ich gesagt, dass wir uns ganz toll benehmen

beim Onkel Winfried, obwohl der immer so blöde Witze macht und ich kann ihn nicht so gut leiden und er hat keine Kinder und deshalb muss man sich seine Spielsachen selber mitbringen und nicht einmal das durften wir, weil es eben so eine richtige Feier war mit allem Drum und Dran und mein Papa hatte auch keine gute Laune und ich glaube, er hätte lieber mit mir Uno gespielt, und dann sind wir zu Onkel Winfried gefahren und da waren sehr viele Erwachsene, die meisten haben gerochen wie Putzmittel mit Zitronenduft und sie haben mir über den Kopf gestreichelt und Papa hat allen Leuten zugeprostet und dann hat er was gegessen und leise zur Mama gesagt, der Salat würde schmecken wie nasser Vogelsand, und das habe ich nicht verstanden und Mama hat gesagt, immer wäre er gegen ihren Bruder, und Papa hat noch was getrunken und sich mit einem dicken Mann unterhalten und dann haben sie sich auf die Couch gesetzt, aber da lag noch mein Teller mit Schokoladencreme und der dicke Mann hat sich mitten draufplumpsen lassen und war ein bisschen böse, aber Papa hat sehr gelacht und gesagt, braun stünde ihm sehr gut, und dann hat er Onkel Winfried gefragt, ob der noch etwas von der Bowle hätte, und

Mama hat ihn ganz komisch angeguckt und dann sind wir bald gefahren, das war, nachdem Papa gesagt hat, dass Tante Hiltrud genauso aussähe wie Onkel Winfried, mal abgesehen vom Bart und Onkel Winfried hat geantwortet, dass er doch gar keinen Bart hätte, und Papa hat gesagt, ja, genau, eben und er hat sich schlappgelacht und dann sind wir nach Hause und Papa hat die ganze Fahrt über gelacht, aber Mama war ziemlich sauer, ich glaube wegen der Sache mit dem Bart und da muss ich sie noch mal fragen, weil ich das eigentlich nicht so richtig verstanden habe.

MEIN PAPA MACHT QUATSCH

ALSO, seit gestern ist der Papa ganz toll gelaunt und ich weiß überhaupt nicht, warum er so gelacht hat, weil die Mama gar nicht gelacht hat, und heute Morgen hat sie immer noch nicht gelacht, aber der Papa hatte so gute Laune, dass er sogar eine Ehrenrunde vor unserer Schule gedreht hat und er hat dem Herrn Reuter, der unser Schuldirektor ist, fröhlich gewinkt, was er noch nie getan hat, denn eigentlich kann der Papa den Herrn Reuter nicht leiden und er hat mir gesagt, das müsste der Herr Reuter aber nicht wissen und deshalb soll ich es auf keinen Fall rumerzählen, und deswegen wundert mich das jedenfalls so, dass er ihn dann so fröhlich grüßt und auf jeden Fall hat die Sache gestern angefangen, da war nämlich Elternabend und mein Papa hatte keine Lust, da hinzugehen, und dann hat meine Mama gesagt, dass er da endlich mal mitgehen muss und dass die Braunschweigs und die Holtkötters auch immer zusammen gehen, nur sie müsste immer alleine und das sei wieder einmal typisch für den Papa, und da ist er halt mitgegangen, aber unter Protest, und nur weil da was ganz Wichtiges war, die Schule soll nämlich einen neuen Namen kriegen, weil sie bisher Städtische Grundschule heißt und Herr Reuter hat gesagt, das sei doch viel zu schade und die Schule könnte doch einen schöneren Namen haben, und deshalb wurden alle Eltern eingeladen und jeder sollte einen Vorschlag machen und auf einen Zettel schreiben und Mama hat mir erklärt, dass diese Zettel danach eingesammelt werden und in einen Karton kommen und dann wird ein Name herausgezogen und peng, der hat dann gewonnen und das sei eine ernste Angelegenheit und man dürfe keinen Quatsch machen dabei, aber da hat der Papa gesagt, da müsste er nicht mitgehen, weil er wüsste, wie die Schule dann hinterher hieße, weil alle Leute entweder Käthe-Kollwitz-Grundschule auf ihren Zettel schreiben würden oder Geschwister-Scholl-Grundschule, aber ich weiß nicht, wer das jetzt alles ist, ist ja auch egal, auf jeden Fall hat die Mama dann genauso geguckt wie damals, wo ich zu viel von dem Eierlikör auf dem Geburtstag von der Oma getrunken habe

und dann sind die beiden gegangen und als sie wieder da waren, da hat der Papa auf jeden Fall so irre gelacht und die Mama ist ganz wütend gewesen und heute habe ich gehört, wie die Mama mit der Frau Holtkötter telefoniert hat und sie hat sich dauernd entschuldigt, weil der Zettel von meinem Papa gezogen worden ist und keiner den Vorschlag vom Papa gut fand, außer Papa natürlich, und dann hat sie noch gesagt, dass das Ganze ja irgendwie ihre Schuld sei, weil sie den Papa mitgenommen hat und jetzt müsse man das ganze wahrscheinlich noch mal machen, und ich finde aber, dass der Name ganz gut klingt: Costa-Cordalis-Grundschule.

DER WURM

ALSO, die Sache mit dem Wurm war eigentlich eine Wette, weil der Tobi von nebenan, das ist mein Freund, obwohl er ein Jahr älter ist und schon in die Zweite geht, aber das ist egal, weil seine Mutter gesagt hat, dass er ein Kindskopf ist, und jedenfalls spielen wir zusammen und einmal, da haben wir einen großen Regenwurm gefunden und Tobi hat ihn in die Hand genommen, wo sich der Wurm ganz lustig gekringelt hat, und er war ziemlich dick (der Wurm, nicht der Tobi, obwohl der auch ganz schön dick ist) und er hatte kleine Ringe und man konnte gar nicht sehen, wo vorne und hinten ist, und der Tobi hat dann gesagt, er wettet, dass ich den Wurm nicht essen würde, und ich wusste nicht so genau, was eine Wette ist, aber dann fiel mir ein, dass mein Papa schon mal eine Wette gegen einen Nagel verloren hat,

den er aus der Wand im Esszimmer ziehen wollte, da hat er nämlich zu dem Nagel gesagt: »Freundchen, den Kampf verlierst du, so haben wir nicht gewettet«, und er hat ihn aber nicht rausbekommen und hat ihn stattdessen ganz in die Wand schlagen wollen und dabei hat er sich auf den Finger gehauen und rumgeschrien und jedenfalls hat der Nagel gewonnen, weil der immer noch in der Wand steckt, und ich habe zu Tobi gesagt, dass ich den Wurm schon essen würde, aber nur mit Ketchup, und Tobi hat von zu Hause Ketchup besorgt, damit ich den Wurm essen kann und ich habe das auch versucht, aber es war nicht einfach, weil der sich ganz doll gekringelt hat, der Wurm, und ich brauchte ziemlich viel Ketchup und wollte den Wurm einfach so runterschlucken, aber ich habe dann doch aus Versehen reingebissen und der Wurm hat ein bisschen so geschmeckt wie Kinderpilze, und die heißen eigentlich Schampeljongs und sind ganz rutschig und erst weich und dann ein bisschen fest, und dabei habe ich mich erschreckt und zack – hatte ich den ganzen Regenwurm runtergeschluckt und Tobi hat das erst nicht geglaubt und in meinem Mund nachgesehen, aber der Wurm war weg und ich habe die Wette gewonnen und das habe ich der Mama beim Ins-Bett-Gehen erzählt und sie hat sehr gestaunt und gefragt, was ich denn bekommen hätte, weil es ja eine Wette war, und ich habe das nicht verstanden und sie hat mir gesagt, dass man immer um etwas wetten muss, weil es sonst ja nichts bringt, das Wetten, und da muss ich noch mal den Tobi fragen, was ich da jetzt kriege, denn darüber haben wir noch gar nicht geredet.

WAS ICH MAL WERDEN WILL

ALSO ich glaube, dass ich von Beruf Bundeskanzler werden will, obwohl man ja dafür eine Frau sein muss, das habe ich im Fernsehen gesehen, da war eine Frau und sie haben gesagt, peng: das ist die Bundeskanzlerin und ich glaube aber, dass sie vielleicht auch einen Mann hat und der ist dann eben der Bundeskanzler, meine Mama hat ja schließlich auch einen Mann, ist ja auch egal jetzt, jedenfalls werde ich später mal Bundeskanzler und dann darf ich alles bestimmen, weil ich der Chef von Deutschland bin und als Erstes ziehe ich mit meiner Bundeskanzlerin in ein schönes Schloss und wir bekommen jeden Tag Frühstück ans Bett und dann kommt eine Schulklasse zu Besuch und singt mir ein Lied vor, aber ich habe dafür eigentlich keine Zeit und am Ende sage ich, das habt ihr toll gemacht und gebe ihnen schulfrei und streichle ihnen über den Kopf, obwohl ich weiß, dass die meisten Kinder das voll blöd finden mit dieser Kopfstreichelei, und dann muss ich telefonieren und mit meinen Ministranten schimpfen, weil die immer nicht machen, was ich will, und dann bekomme ich Besuch von anderen Chefs aus anderen Ländern und wir setzen uns in große Ledersessel und unterhalten uns über unsere Untertanen und beklagen uns, weil unsere Länder viel zu klein sind und ich würde mir zum Beispiel wünschen, dass Deutschland eine schöne große Sandwüste hat, aber ich glaube, da ist nichts zu machen und meine Mama hat gesagt, dass man immer gerne hätte, was überhaupt nicht geht und der Bundeskanzler von der Sahara wünscht sich bestimmt, dass es dort mal schneit, und später am Tag mache ich ein paar neue Gesetze, zum Beispiel gegen Armut und ich finde es schon komisch, dass es das noch gar nicht gibt, und später kommen meine Eltern zu Besuch, sie dürfen nämlich bei mir fernsehen, weil ich einen supergroßen Fernseher habe und sie nicht und mein Vater ist ganz stolz auf mich, aber tja, dann geht es auch schon ins Bett und morgen ist ein neuer Tag und jetzt muss ich nur noch entscheiden, wer eigentlich bei mir Bundeskanzlerin wird und das ist gar nicht so einfach, weil Mädchen schon sehr doof sind, in meinem Alter jedenfalls.

VITAMINE

ALSO, ich mag Vitamine, das sind so kleine Tierchen, die im Gemüse sitzen und wenn man sie isst, dann wird man gesund und das funktioniert ungefähr so: Der Vitamin wohnt im Salat oder auch im Apfel drin und wartet darauf, dass jemand am Apfelbaum vorbeikommt und sagt: So, lieber Apfel, genug rumgehangen, jetzt bist du schön rot und der Max kann dich aufessen und dann wird der Apfel mit dem Vitamin gepflückt und ich darf reinbeißen, wenn ich ihn vorher gewaschen habe, und dann kaue ich drauf rum und der Vitamin geht dabei nicht kaputt oder so, weil er ganz klein ist, den kann man nicht zerbeißen und schwupps geht es in meinen Bauch und da wohnen auch Bazillen, das sind Schädlinge und sie wollen, dass ich krank bin, das sind üble Kerle, genau wie die drei Jungen aus der 1c, die neulich die Mütze vom Fritz geklaut haben und er hat geheult und sie haben die Mütze in den Baum geworfen, das waren auch Bazillen, irgendwie, und deshalb ist es gut, wenn der Vitamin im Bauch aufräumt und die Bazillen verkloppt, man kann überhaupt nicht genug Vitamin haben, das hat mein Papa gesagt und der muss es ja wissen, weil er schon erwachsen ist und jedenfalls hat mein Papa neulich Abend beim Essen gesagt, dass der Herr Groselnig aus seiner Firma ein Depp sei und nur deshalb zum Vertriebsdings befördert worden ist, weil er so viel Vitamin B hätte, und da habe ich mir gedacht, okay, dann muss ich eben viel Gemüse essen, denn davon wird man Chef und muss in der Schule dafür nicht mehr so viel aufpassen und ich habe die Mama gefragt, ob noch was vom Gemüse da ist, und sie hat sich sehr darüber gefreut und gesagt, dass sie ganz begeistert wäre, wie toll ich schon esse, und das finde ich auch, aber lieber wäre mir schon, wenn die Vitamine in der Schokolade wären, da wären sie mir lieber als im Rosenkohl.

ICH KANN NICHT SCHLAFEN

ALSO, manchmal kann ich gar nicht einschlafen, das ist zum Beispiel, wenn der Tag so aufregend war oder vor Weihnachten oder meinem Geburtstag oder so und jedenfalls kann ich nicht schlafen und das ist schön blöd, denn für meinen Papa und meine Mama ist es total wichtig, dass ich einschlafe, warum, weiß ich eigentlich nicht, aber es ist eben so, und deshalb gebe ich mir auch meistens Mühe mit dem Einschlafen und meine Mama bringt mich ins Bett und dann liest sie mir vor und singt »Guten Abend, gute Nacht« aber da gibt es eine Stelle, die ich nicht verstehe, nämlich »Morgen früh, wenn Gott will, wirst du wieder geweckt« und ich denke dann, was ist, wenn Gott morgen früh nicht will, werde ich dann nie mehr wach und da wäre es doch besser, wenn ich gar nicht erst schlafe, und dann muss ich wieder darüber nachdenken und ich höre Mama und Papa im Wohnzimmer reden und dann muss ich aufs Klo, obwohl, so dringend ist es gar nicht, und im Flur treffe ich

Papa und er fragt, warum ich nicht schlafe, und ich sage, dass ich nicht kann, und das stimmt ja auch und er geht mit in mein Zimmer und bringt mich noch einmal ins Bett und liest was ganz Kurzes vor und singt das Paulchen-Panther-Lied, weil er keine anderen Lieder kann, aber er singt es immer falsch, nämlich nicht »Paulchen, Paulchen, mach' doch weiter«, sondern »Mäxchen, Mäxchen, mach doch weiter« und dann schimpfe ich, weil er es falsch singt, und ich sage, dass ich mir Sorgen mache, weil Gott mich nur vielleicht wieder weckt, und er gibt mir ein Küsschen und sagt, dass der liebe Gott mich ganz bestimmt weckt und dass eben nur die Frage ist, ob er mich ganz früh weckt oder etwas später und das ist damit gemeint in dem Lied und man könnte auch singen »Morgen früh, sobald der liebe Gott will«, aber das klingt eben nicht so gut und Papa sagt, dass er hofft, dass der liebe Gott mich morgen ein bisschen später weckt, weil da nämlich Sonntag ist, und da wollen Mama und Papa lange schlafen, aber das kann ich ihnen nicht versprechen, denn morgen früh, wenn ich will, werden sie wieder geweckt.

FRIDOLIN

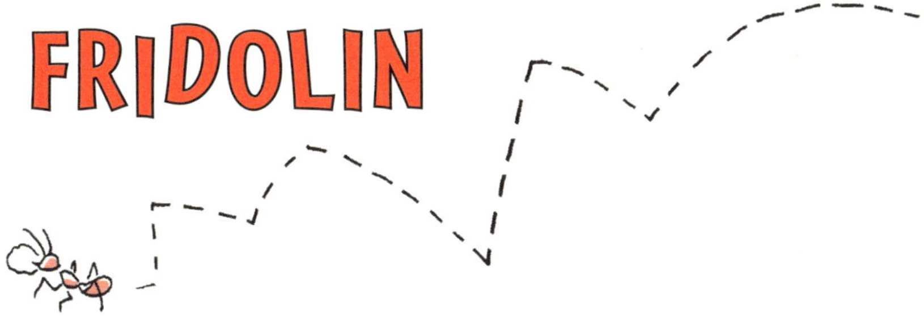

ALSO, die Sache mit Fridolin hat so angefangen, dass wir draußen gegessen haben und da ist mir der Löffel runtergefallen, boing auf den Steinboden und die Mama hat gesagt, das ist nicht so schlimm, heb ihn einfach auf und ich bin unter den Tisch, um den Löffel zu suchen, und dabei habe ich Fridolin getroffen, der ist eine Ameise und superklein, aber ziemlich stark, denn er hat einen riesigen Krümel über die Terrasse geschleppt, der war mindestens dreimal so groß wie der Fridolin und er hat sich damit abgerackert und ich dachte, der ist aber ganz schön stark, und bin bei ihm geblieben und habe mein Essen nicht aufgegessen, weil, wenn ich mein Essen gegessen hätte, dann hätte ich den Fridolin ja aus den Augen lassen müssen und das wollte ich nicht und ich habe

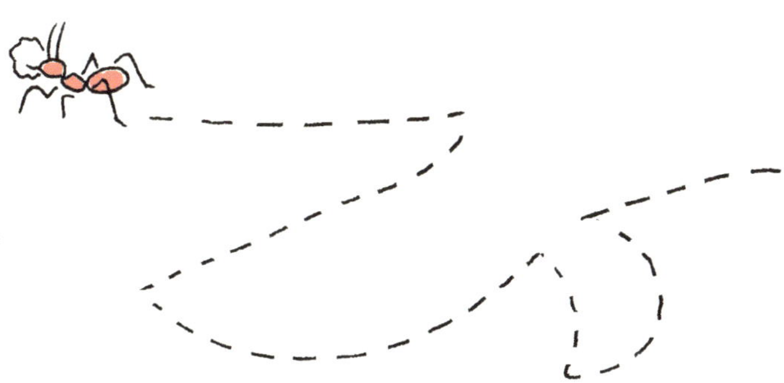

Fridolin also beobachtet, wie er den Krümel getragen hat und immer, wenn ihm ein Kollege begegnet ist, hat es so ausgesehen, also ob sie sich unterhalten, aber ich glaube, Ameisen können nicht reden oder nur ganz leise, ich habe jedenfalls kein Wort verstanden und irgendwann musste ich aufs Klo und ich wollte aber nicht, dass der Fridolin abhaut und da habe ich mein Saftglas über ihn gestellt und bin wie der Blitz aufs Klo und abziehen und wieder – zack – zurück und habe das Glas hochgehoben und da ging es dem Fridolin nicht mehr so gut, weil noch etwas Saft in dem Glas gewesen ist, und da ist er beinahe in einer Pfütze ertrunken und das tat mir leid und er war sicher ziemlich klebrig und da habe ich überlegt, wie man den Fridolin wieder trocken bekommt und ich dachte, ich kann ihn mit ins Badezimmer nehmen und ich föhne ihn trocken wie das Hemd, wo ich mal Limonade drübergeschüttet habe bei der Kommunion von meiner blöden Cousine Patrizia, aber ich glaube, der viele Wind hätte dem Fridolin nicht gefallen, also habe ich eine Serviette vom Tisch geholt und wollte ihn abtrocknen, aber ich glaube, der Föhn

wäre am Ende besser gewesen, jedenfalls hat sich der Fridolin gar nicht mehr bewegt, weil ich ihn zerdrückt habe, und das tat mir leid und meine Mama musste mich trösten und sie hat gesagt, Fridolin ist zwar jetzt tot, aber seine Freunde denken bestimmt gerne an ihn, weil er so ein fleißiger kleiner Ameisenmann war, aber ich bin nicht so sicher, ob sie wirklich um den Fridolin getrauert haben, denn als ich wieder auf dem Boden nach dem Krümel geguckt habe, da hat ein Kumpel vom Fridolin den Krümel geschnappt und ist damit irre schnell abgehauen und ich glaube, der Krümel war ihm viel wichtiger als der Fridolin.

PAPA UND ICH HABEN STREIT

ALSO manchmal, da möchte ich am liebsten tot sein, und es ist ganz schlimm, weil ich so traurig bin und alle sind gegen mich und dabei habe ich nichts gemacht, oder es war gar nicht so schlimm, zum Beispiel wo ich den Kleber in den Rasenmäher geschmiert habe und das habe ich nur gemacht, weil mein Papa gesagt hat, das Ding müsste mal geschmiert werden, und dann ist er weggefahren in den Baumarkt und da habe ich eine große Dose genommen und da war schmieriges Zeug drin und ich habe es über den Rasenmäher gegossen, damit der geschmiert wird und es sah aus wie Honig, aber es hat nicht so gut gerochen wie Honig und ich mag Honig gerne, obwohl Tobi gesagt hat, dass Honig eigentlich nur Bienenkacka sei, und das ist mir egal, weil ich finde, dass es nichts Besseres gibt als einen Toast mit Butter und Honig und Tobi spinnt, und jedenfalls habe ich die ganze Dose in den Rasenmäher gegossen und dann bin ich in die Küche gegangen und habe einen Honigtoast gegessen und dann habe ich Bumbum und Patrick gefüttert, das sind meine Fische, und ich habe eine CD angehört und dann habe ich den Papa schreien gehört und bin in den Garten gelaufen und da hat der Papa vor dem Rasenmäher gestanden und hat immer wieder das Wort gerufen, dass ich nie sagen darf, auch wenn mir das Honigbrot auf die Honigseite runterfällt und ihr könnt euch schon denken, welches Wort ich meine, und ich habe gesagt, dass ich nur helfen wollte mit der Schmiere, und da hat er schlimm geschimpft und hat gesagt, dass sei Zweikopentenkleber oder so was und nun könne

er sich einen neuen Rasenmäher kaufen und immer sei es dasselbe mit mir und wer mir diesen Unsinn erlaubt hätte, und da bin ich in mein Zimmer gelaufen und habe mich unter das Bett gequetscht und gedacht, das wird ihm noch leidtun, dem Papa, wenn ich erst einmal tot bin und alle haben schwarze

Sachen an und stehen an meinem Grab, sogar der blöde Onkel Winfried, und sie weinen schrecklich und meine Mama sagt zu Papa, so, daran bist du schuld, unser armer, armer Max, und ich sehe vom Himmel aus zu und dann können sie mal sehen, was sie ohne mich anfangen, und da ist mein Papa gekommen und wollte mich trösten und da habe ich gesagt, dass ich lieber sterbe als rauszukommen, und er hat gesagt, dass er so dringend jemanden bräuchte, der ihm

Zweikopentendings in den Rasenmäher gießt und dass er ohne mich nicht leben könne und da bin ich wieder rauskommen und wir haben uns vertragen und da wollte ich nicht mehr tot sein, das ist ja auch sicher langweilig, auf die Dauer.

ICH HABE EINE BRILLE BEKOMMEN

ALSO, die Sache mit der Brille hat so angefangen, dass ich immer bei Vincent abgeschrieben habe, weil ich nicht lesen konnte, was die Frau Kördel an die Tafel geschrieben hat, das ist unsere Lehrerin und wir mögen sie alle sehr, obwohl sie manchmal komisch riecht, besonders nach der vierten Stunde, und ich konnte ihre Schrift nicht lesen und sie hat gemerkt, dass ich immer bei Vincent geguckt habe und da hat sie nachmittags bei uns zu Hause angerufen und ich habe meine Mama immer sagen hören, ach ja, wirklich, na gut, dann müssen wir vielleicht mal zum Augenarzt, und da habe ich mich ganz schön gegruselt, weil der Tobi, mein Freund von nebenan, der hat gesagt, der Augenarzt holt das ganze Auge raus aus dem Kopf und wirft damit herum und dann macht er Medizin dran und setzt es einem wieder in den Kopf, aber das hat überhaupt nicht gestimmt, ich habe den Arzt selber gefragt und er hat gesagt, ich

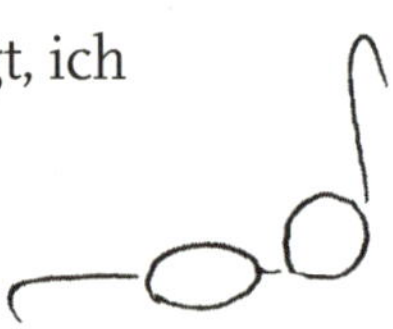

müsse nur mal alle Buchstaben vorlesen von der Tafel, aber das war gar nicht so einfach, weil ich noch gar nicht alle Buchstaben kenne, und am Ende hat er gesagt, so, mein kleiner Freund, da kommen wir um eine Brille nicht herum und ich habe das nicht schlimm gefunden, weil mein Papa mal gesagt hat, dass Leute mit Brille schlauer wären und er trägt auch eine, nur habe ich ihm das nicht so richtig geglaubt, weil er die Gartenliege nie ausgeklappt bekommt und dann wirft er sie durch die Gegend und Mama muss das machen und sie hat keine Brille und bei ihr klappt das ganz schnell, und jedenfalls sind wir gleich zum Optiker und haben eine Brille ausgesucht und sie ist echt super, die Brille, ganz leicht und rot und ich kann sie mir ins Haar schieben wie eine Sonnenbrille und dann sehe ich so aus, wie die Männer am Strand

in Italien, die der Mama immer so zugelächelt haben, und der Papa hat ganz komisch geguckt, wie damals, als der Herr Neugebauer von gegenüber mit seiner Schubkarre gegen Papas Auto gefahren ist, und heute nach der Schule haben wir die Brille jedenfalls abgeholt und ich habe sie aufgesetzt und plötzlich habe ich alles ganz superscharf gesehen, die Blätter und die Autos und die Leute auf der Straße, die waren nur ein bisschen kleiner als vorher, aber superscharf, und der Optiker hat gesagt, dass ich ganz vorsichtig sein muss mit der Brille und ich darf mich nicht prügeln, wenn ich sie aufhabe, und beim Fußball müsste ich sie auch ausziehen, damit kein Ball dagegen fliegt, weil das ganz blöd ist und die Brille fliegt weg und boing landet sie im Dreck und dann trampelt einer drüber und zack ist sie kaputt und das kostet alles Geld, und jetzt ratet mal, wer schon den ganzen Tag super aufgepasst hat auf seine neue Brille: Ich, der Max.

DER ALLERERSTE SCHNEE

ALSO, heute Morgen bin ich aufgewacht und draußen hat es geschneit und ich habe aus dem Fenster geguckt und mich gefreut, weil ich den Schnee gerne mag, jedenfalls meistens, außer ich bekomme ihn in den Kragen oder falle mit dem Gesicht rein, und mein Papa hat in der Küche gestanden und gesagt, es sei noch viel zu früh für Schnee und alle Idioten würden jetzt trotzdem mit dem Auto zur Arbeit fahren, dabei sei es viel zu rutschig, und dann ist er mit seinem Auto in die Arbeit gefahren und Mama hat meine dicke Jacke rausgeholt und ich bin wie ein Irrer nach draußen gerannt und habe eine Schneeflocke gefangen, weil ich sie unter mein Mikroskop legen wollte, aber das hat nicht so richtig geklappt, weil die Schneeflocken sofort verschwinden, wenn man sie gefangen hat, und man kann

sie sich gar nicht angucken, obwohl mein Papa gesagt hat, dass sie ganz toll aussehen, aber da bin ich mir nicht so sicher, denn woher will er das denn wissen, wenn die sofort schmelzen, und da habe ich mir überlegt, dass ich welche im Kühlschrank einfrieren sollte, um sie nach der Schule zu untersuchen, da kann ich nämlich das Mikroskop in die Küche stellen und die Schneeflocken haben es nicht so weit bis zur Untersuchung, ich hole sie einfach schwupp raus und lege sie zack drunter und deshalb habe ich einen großen Schneeball gemacht und den habe ich ins Eisfach gelegt, was eine gute Idee war, denn da war auch noch ein Erdbeereis drin und das musste ich aufessen, weil ich ja den Platz für den Schnee gebraucht habe, und überhaupt war das schlau von mir, den Schnee einzufrieren, weil am Nachmittag der Schnee im Garten schon wieder weg war und ich hatte aber noch meinen Schnee im Kühlschrank und ich habe versucht, ihn unters Mikroskop zu legen, wo er aber sofort geschmolzen ist, und am Ende haben wir eigentlich nichts gehabt vom ersten Schnee, außer der Papa, der hatte eine Beule im Auto, als er von der Arbeit gekommen ist, und er hatte schlechte Laune, aber ich finde, da kann der Winter nichts dafür, weil der ja noch gar nicht richtig angefangen hat.

SANKT MARTIN

ALSO, was ich echt gerne mag im Winter, das ist die Sache mit Sankt Martin, obwohl meine Mama gesagt hat, dass der Sankt Martin eigentlich nichts mit dem Winter zu tun hat, sondern mit dem Herbst, aber diesmal war es schon Winter, weil es nämlich geschneit hat an Sankt Martin und es war superkalt, und zum Glück hatten wir unsere Martinslaternen dabei und mir ist das Kerzenwachs auf die Finger getropft und erst wollte ich ein bisschen brüllen, aber dann hat es sich gar nicht gelohnt weil es nur ganz kurz wehgetan hat, und an der Schule haben sie ein großes Feuer angezündet und dann kam der Sankt Martin auf seinem Pferd angeritten und alle haben gesungen und es hat mir gut gefallen, aber dem Pferd vom Sankt Martin hat es nicht so gut gefallen, weil es die ganze Zeit den Kopf geschüttelt und gekackt hat, genau wie ich beim siebzigsten Geburtstag von Opa Heinz, da haben sie auch gesungen und ich hatte dann Durchfall und das war blöd und meine Mama hat gesagt, dass es nichts mit dem Singen zu tun hatte, sondern mit dem Pflaumenkuchen, von dem ich sieben Stück gegessen habe, und jedenfalls hat das Pferd vom Sankt Martin bestimmt keinen Pflaumenkuchen gegessen und das ist der Beweis, dass es doch am Singen gelegen hat, und plumps hat es jedenfalls ganz große Äpfel gemacht und danach sind wir von Haustür zu Haustür gegangen und wir haben geklingelt und gesungen und ich habe gedacht,

vielleicht bekommen die Leute davon Durchfall, aber ich glaube, die meisten fanden es ganz gut, weil sie uns Süßigkeiten geschenkt haben, außer an der einen Tür, da kam ein alter Mann raus und er hat geschimpft, dass wir ihn in Ruhe lassen sollen und er kann die Bettelei nicht ausstehen und da hat die Constanze angefangen zu heulen, weil sie sich so erschreckt hat, und mein Vater ist gekommen und hat mit dem Mann geschimpft und der hat gesagt, er sei Artist oder so was Ähnliches und er würde nicht an diesen christlichen Kram glauben, und Papa hat gesagt, dass man auch als Artist ein bisschen netter zu Kindern sein könnte, die einem was vorsingen, und da hatte mein Papa recht, finde ich und schließlich hat der Mann uns die Türe vor der Nase zugehauen, aber vielleicht musste er ja auch nur ganz dringend aufs Klo, das weiß ich nicht, die Erwachsenen reden ja nicht so gerne übers Aufs-Klo-Gehen.

WIR BACKEN

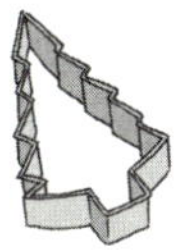

ALSO, eins finde ich komisch am Winter, nämlich dass dann die ganze Zeit gebacken wird und im Sommer wird fast gar nichts gebacken, jedenfalls keine Plätzchen und es gibt auch keinen Kinderpunsch, und das nur, weil der warm ist, dabei würde ich den auch kalt trinken mit Eiswürfeln, aber Mama sagt, das ist ein Wintergetränk und Weihnachtsmarkt ist auch nur im Winter und das finde ich aber okay, weil wenn kein Weihnachten ist, dann braucht niemand Geschenke und dann sind die Leute vom Weihnachtsmarkt ja aufgeschmissen mit ihren ganzen Sachen, wenn die keiner kaufen will, und was ich eigentlich erzählen wollte, war ja die Sache mit dem Backen und das machen wir immer, wenn die Adventszeit anfängt, und das ist genau dann, wenn meine Mutter einen riesigen Kranz kauft und vier dicke Kerzen und das ganze Theater losgeht, weil Mama und Papa anfangen davon zu reden, dass wir ihnen

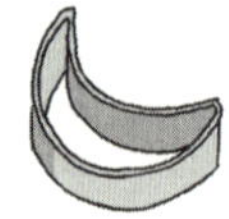

noch das ganze Haus abbrennen, und wenn sie das sagen, dann wissen wir, aha, jetzt ist Adventszeit und dann wird auch gebacken und Mama holt ganz viele Förmchen aus der Schublade und ich darf den Teig ausstechen, jedenfalls den Teig, den ich nicht esse, und sie muss ziemlich viel davon machen, weil er so gut schmeckt, und dann steche ich wie ein Irrer Sterne und einen halben Mond und Tannenbäume und die mag ich am liebsten, weil man dreimal reinbeißen kann und dann ist erst die Spitze weg und dann ein Stück vom Baum und dann der Rest, und es macht Spaß, die Plätzchen zu backen, und Mama macht auch welche für Papa, die mag ich aber nicht, weil da gelbe und grüne Popel drin sind und die muss man erst rausfummeln, und da muss ich schon sagen, die Erwachsenen essen ziemlich eklige Dinge, und da kann man nur hoffen, dass man später nicht so wird wie die, und wenn ich groß bin, dann backe ich auch im Sommer und nehme meine Tannenbaumkekse mit an den Strand nach Spanien und dann werden die aber Augen machen da.

DER  WUNSCHZETTEL

ALSO, für mich beginnt die Weihnachtszeit eigentlich genau dann, wenn meine Mama die Adventskalender macht, weil ich dann weiß, dass es nur noch soundso viele Tage sind bis Heiligabend, und mein Papa hat gesagt, wir sollten das mit dem Adventskalender lieber lassen, weil die Kinder (also das sind wir, meine Schwester Therese und ich) dann überhaupt nicht mehr zur Ruhe kommen von der ganzen Aufregung und bis Weihnachten seien wir unerträglich und so, dabei stimmt das gar nicht, weil wir gar nicht unerträglich sind, sondern die Weihnachtszeit ist unerträglich und da kann ich überhaupt nichts dafür und es wird schon spannend, wenn der Adventskalender im Flur hängt und es stehen Zahlen drauf und meine Mama hat ihn selber gebastelt, er ist aus Pappe und hat kleine Schubläden, aber die vom 18. ist ein bisschen kaputt, weil ich letztes Jahr draufgetreten bin, und jetzt ist der 18. immer der Tag mit der kaputten Schublade, aber das hat auch sein Gutes, denn danach sind es nur noch sechsmal Schlafen und das kann man sich gut merken, weil eben die Schublade kaputt ist, und Papa hat gemeckert, weil er keinen Adventskalender bekommt, und ich weiß nicht genau, ob er da Spaß gemacht hat, weil er nämlich dann doch einen bekommen hat, und zwar von seinem Büro, und er holt jeden Tag Schokolade raus und gibt uns nichts ab, weil wir selber einen Kalender hätten und das sei seiner, und da muss ich schon sagen, manchmal sind die Erwachsenen wie kleine Kinder und heute Morgen habe ich jedenfalls meinen Wunschzettel für Weihnachten geschrieben und es war ziemlich viel Arbeit und weil ich noch nicht so gut schreiben kann, habe ich einfach alles ausgeschnitten aus der Geschenkezeitung und meine Mama hat gesagt, es sei ein bisschen viel, nämlich eine Ritterburg und eine Weltraumstation und vor allen Dingen ist ein Hase drin, weil ich unbedingt einen brauche als Freund und weil Hasen nicht bellen und sehr weich sind, und dazu ein Skateboard und ein paar Spiele für den Gameboy und ein Hochbett und vier oder fünf CDs und ein Buch

über den Weltraum und eine Hängematte und einen riesigen Kaktus oder eine Fleisch fressende Pflanze und unbedingt ein ferngesteuertes Auto mit Riesenrädern und Kristalle zum Selberzüchten und einen Zauberkoffer und einen Fernseher und ein eigenes Telefon und ein Skelett, aber ein besonderes Skelett, das nämlich im Dunkeln leuchten kann, damit sich Mama und Papa erschrecken, wenn sie abends aus dem Kino kommen und gucken, ob ich schon schlafe, aber der Hase ist das Allerwichtigste und Mama hat gesagt, das sei viel zu viel und außerdem müsse man bescheiden sein im Leben und nicht immer so übertreiben und ich weiß überhaupt nicht, was sie da hat, weil das alles total dringend nötige Wünsche sind und außerdem ist nur einmal im Jahr Weihnachten, das sagt mein Papa immer, wenn er den Rotwein aufmacht am Weihnachtstag und ich finde, wo er recht hat, da hat er recht, mein Papa.

DER NIKOLAUS WAR BEI UNS

ALSO, gestern hat meine Mama gesagt, dass der Nikolaus zu uns nach Hause kommt, und das hat mir sehr gut gefallen, weil er nämlich letztes Jahr beim Anton war und wir haben mit zwölf Kindern bei Anton im Wohnzimmer gesessen und wir durften nicht krümeln und die Mama vom Anton hat die ganze Zeit gesagt, wenn wir auf dem Sofa toben, dann kommt der Nikolaus nicht und dann ist er aber doch gekommen und ich weiß auch warum, weil er nämlich ein alter Mann ist und er hat kein Auto, sondern einen Schlitten, und ein Handy hat er auch nicht, und deshalb kann man ihn nicht anrufen und zu ihm sagen: »So, lieber Nikolaus, komm bitte doch nicht, die Kinder toben auf dem Sofa rum« und außerdem hat er da schon an der Tür geklopft und ich habe dem Vincent ein Sofakissen über die Birne gezogen und er ist auf den kleinen Tisch gefallen, wo die Plätzchen draufgestanden, und es hat ganz irre gekrümelt, als die Plätzchen durchs Wohnzimmer geflogen sind, und

Antons Mama hat geguckt wie der Papa, als er einmal ein Gurkenglas aufgemacht hat und das war von 1986 oder so, und jedenfalls wollte ich ja erzählen, dass der Nikolaus heute also nicht mehr bei Antons zu Hause war, sondern bei uns und ich glaube, dass ist wegen Antons Mutter, und bei uns durften wir krümeln, weil meine Mama die tollste Mama der Welt ist, und dann hat es geklopft und sie hat gesagt, wir sollen ganz still sein und das waren wir auch, außer Vincent, der hat sich ans Herz gegriffen und gesagt, dass er gleich stirbt, und ich habe überlegt, ob ich ihm eins mit dem Sofakissen verpassen soll, zur Beruhigung, aber dann ist die Tür aufgegangen und der Nikolaus ist reingekommen

und er hatte einen roten Mantel und einen weißen Bart und eine ganz doofe Brille und dieselben Schuhe wie mein Papa, aber einen dicken Bauch, und dann hat er sich hingesetzt und gebrummt, dass es draußen sehr kalt ist und dass er immer so viel zu tun hat und dass er bald weitermüsste, und dann sollten wir was singen, richtig alle zusammen und das haben wir vorher nicht gewusst und dann hat halt jeder was Eigenes gesungen, und zwar ganz durcheinander, und der Nikolaus hat sich die Ohren zugehalten und gerufen, dass sofort Schluss sein soll, sonst gibt es keine Geschenke und dann hat er sie rausgeholt, die Geschenke, und jeder musste nach vorne kommen und er hat solche Sachen gesagt wie: »Hohohoo, du kleiner Wicht, vergiss stets das Aufräumen nicht« und so was und er hatte keinen Hasen für mich dabei, weil es Hasen erst zu Weihnachten gibt, und dann habe ich gesehen, dass ihm der Mantel ein bisschen vorne aufgegangen ist und da war ein großes Kissen drin und der Bauch war gar nicht echt, und als ich dran war, habe ich ihn gefragt, ob er mein Papa ist, und er war total sauer und hat ganz böse gesagt, dass der Nikolaus keine Kinder hätte und dass er Singel oder so was ist und dass es sehr schwer für einen Mann in seinem Alter ist, eine nette Frau zu finden, und dass ich nicht auf seinen Gefühlen rumtrampeln soll und so, und dann ist er auch schon abgehauen und da hat er mir leidgetan, der arme Nikolaus, und kaum war er weg, da kam mein Papa rein von der Arbeit und er hat gesagt, er hätte einen alten Mann auf der Straße gesehen und ob das der Niklaus gewesen wäre, und später hat er mich ins Bett gebracht und ich musste ihm vom Nikolaus erzählen und das habe ich auch gemacht und dann hat er mich zugedeckt und ich war ganz schön müde und beim Zudecken habe ich auf seinen Ring geguckt und da habe ich noch gedacht, dass der Nikolaus ganz genau auch so einen Ring hatte, und ich muss noch mal mit Papa darüber reden, glaube ich.

ICH BIN EIN EISBLITZ

ALSO, heute Nacht hat es endlich so richtig gefroren, das hat mir heute Morgen gleich gut gefallen, weil ich aus der Tür raus bin wie ein Blitz, und meine Mama fragt mich ganz oft, ob ich nicht langsam gehen kann, aber das geht eben nicht – ich kann nur flitzen und heute habe ich die Tür aufgemacht und wollte zur Schule rasen und da bin ich gleich hingeflogen und auf dem Bauch ein Stück gerutscht, aber es hat nicht wehgetan und dann bin ich in die Schule geschlittert wie eine Eisschnelllauftype, immer Anlauf nehmen und ein Stück rutschen und wieder Anlauf nehmen, und ich habe Fritz abgeholt, der ist mein bester Freund und wir haben uns gefreut, weil man auf dem Eis nicht nur rutschen kann, man kann es sogar essen und es schmeckt

nach nichts, aber es sieht super aus, und wir haben ganz große Eiszapfen abgebrochen, die hingen beim Fritz am Haus und dann haben wir »Fluch der Karibik« gespielt und wollten fechten, aber die Dinger sind gleich abgebrochen und da kann man nichts machen, das ist so, als ob man ein Schwert aus Glas hat, und dann hatte ich eine super Idee, und zwar habe ich das Pausenbrot aus meiner Dose rausgeholt und das Brot in den Schulranzen gesteckt und ich habe die offene Dose auf die Straße gelegt und meinen Fuß reingestellt und mit dem anderen Fuß habe ich Schwung geholt wie beim Skateboardfahren und dann bin ich mit der Dose über den Gehweg gesaust und ich habe einen Affenzahn draufgekriegt und das war erst nicht schlecht, aber dann doch, weil ich nicht mehr bremsen konnte, und ich bin gegen die Mülltonne

von den Sauerleins gefahren und die Mülltonne ist umgefallen und man konnte sehen, was es bei den Sauerleins zu essen gibt, und sie kaufen ganz viel Pizza zum Auftauen und meine Mama mag das nicht besonders, aber ich würde ganz gerne mal bei den Sauerleins Mittagessen, wenn sie nicht mehr böse sind, das waren sie nämlich ziemlich und Frau Sauerlein ist nach draußen gekommen und hat geschimpft und dabei ist sie ausgerutscht und hat sich auf den Hosenboden gesetzt, noch bevor ich sie warnen konnte, denn es ist wirklich sehr glatt bei uns im Moment gerade.

EIN ALIEN VON KASTANIAN 3

ALSO, gestern haben wir in der Schule gebastelt und das kann ich aber nicht besonders gut und bei mir werden das keine Kastanienmännchen, sondern immer nur Kastanienhunde oder Kastanienhasen, weil die nicht umfallen, denn ich mache ihnen vier Beine und nicht zwei und eigentlich wäre das für uns richtige Menschen auch ganz praktisch, obwohl wir dann ja immer noch zusätzlich zwei Arme brauchen würden, weil man sonst kein Eis essen kann, und ich würde schon etwas seltsam aussehen, wenn ich vier Beine und zwei Arme hätte, ungefähr wie ein Alien und ich habe also dem Kastanienhund noch zwei Arme gemacht und gesagt, dass es ein Kastanienalien sei, und unsere Lehrerin, die Frau Kördel – die ist unheimlich hübsch, die Frau Kördel und mein Papa hat das auch gesagt, aber meine Mama findet sie nicht so besonders, und jedenfalls hat die Frau Kördel mich gefragt, von welchem Planeten mein Alien kommt, und ich habe gesagt, es kommt von Kastanian 3 und das ist so weit weg, dass man sechs Trillionen Tage braucht, bis man dort ist, und alle Lebensmittel im Raumschiff werden schlecht und deshalb fliegt niemand hin, aber die Kastanianer haben nie Hunger und eine Menge Zeit, und weil ihr Planet so langweilig ist, kommen sie uns besuchen, und Frau Kördel hat gesagt, dass ich vielleicht noch das Raumschiff basteln müsste oder ein Haus, wo die Aliens wohnen können, und ich habe auch damit angefangen, aber dann hat mich der Fritz dauernd abgelenkt, denn er hat kleine Papierkugeln auf die Mädchen geschossen und das war lustig, weil er die Constanze am Ohr getroffen hat, und die hat geguckt wie mein Papa, als er an den Weidezaun gelangt hat, weil er meinen Frisbee von der Wiese holen wollte,

und auf der Weide waren Kühe und am Zaun war Strom, aber in der Papierkugel war kein Strom, nur Spucke vom Fritz und die Constanze hat ganz komisch rumgeheult und der Fritz und ich haben uns kaputtgelacht und da hat die Frau Kördel gesagt, dass wir keine Kavalleriere sind, und wir mussten uns ganz ordentlich entschuldigen und ich habe Constanze meinen Alien geschenkt und ihr gesagt, dass er von weit her gekommen ist, nämlich von Kastanian 3 und dann war die plötzlich ganz komisch, die Constanze, und sie hat sich bedankt und ist ganz rot geworden und hat gesagt, dass er einen Ehrenplatz bekommt, mein Alien und Fritz hat wieder blöd gelacht und gesagt, das sei doch nur Kastanienschrott, und ich habe ihm eine getafelt und da musste ich mich schon wieder entschuldigen, diesmal beim Fritz, und ich hatte nichts mehr, was ich verschenken konnte, und da war der Tag für mich gelaufen,

und morgen Nachmittag hat mich
die Constanze zu sich nach Hause
eingeladen, aber ich weiß nicht,
ob ich hingehe, bei Mädchen
fühle ich mich nie so gut, man
kann keinen fahren lassen
und die Mädchen wollen nie
Skateboard fahren und so was
und irgendwie komme ich mir
bei Constanze vor, als wäre ich
von Kastanian 3 und hätte vier Beine.

DAS SCHNEEPAAR

ALSO, jetzt ist endlich genug Schnee da, damit man einen Schneemann bauen kann, und ich finde das schön, obwohl so ein Schneemann ja eigentlich zu nichts nutze ist, man kann ihn höchstens ins Tor stellen, wenn man Fußball spielt, aber im Schnee Fußball spielen ist eine blöde Idee, das funktioniert nicht besonders gut, und jedenfalls haben wir heute den ersten Schneemann gebaut, also der Fritz und die Therese und mein Papa und ich und der Schneemann war ziemlich groß, fast so wie der Papa und wir haben ihm einen Schal angezogen und einen Besen in die Hand gegeben und dann hat mein Papa gesagt, dass der Schneemann ganz schön einsam sei, und er hat gesagt, dass wir noch eine Schneefrau bauen müssen, damit er jemanden hat, mit dem er sich unterhalten

kann, und ich habe mich ein bisschen gewundert, weil ich noch nie gehört habe, dass ein Schneemann reden kann, aber ich habe trotzdem mitgemacht, weil ich dem Papa eine Freude machen wollte, wo er doch so einen Spaß hatte, und wir haben noch mehr große Schneekugeln gemacht, bis der Rasen wieder ganz grün war, weil wir den ganzen Schnee gebraucht haben, aber als die Frau fertig war, hat sie genauso ausgesehen wie der Mann, und da hat der Papa der Frau einen Riesenbusen gemacht, der sah so aus wie der Busen von meiner Oma, aber er hat nicht gehalten (also der von der Schneefrau) und ist immer wieder abgerutscht, und mein Papa hat sich eine ziemliche Mühe gegeben mit dem Busen und dann hat er der Schneefrau noch eine Mütze aufgesetzt und sie hat ein Gesicht aus Kieselsteinen bekommen, und mein Papa war ganz stolz auf seine Schneefrau und er hat gesagt, so müsse eine Frau aussehen, und da ist meine Mama nach Hause gekommen und sie war auch ganz begeistert und hat gesagt,

der Papa hätte endlich mal eine Frau, die genau so sei, wie er es sich wünscht, nämlich stumm und mit viel Holz vor der Hütte und das mit dem Holz habe ich nicht kapiert, weil da ja gar kein Holz war und auch keine Hütte, und das mit dem stumm stimmte ja auch nicht, weil der Papa ja gesagt hat, die könnte sich unterhalten, die Schneefrau, aber es ist ja auch egal, weil inzwischen sind es wieder zwei Schneemänner, weil vorhin der Busen wieder abgebrochen ist, und so gefällt mir das auch besser, das muss ich mal sagen, Schneefrauen sind irgendwie zu kompliziert.

DAS HANDSCHUH-ABENTEUER

ALSO, das mit dem Schlittschuhfahren, das ist ganz schön gefährlich, und unsere Lehrerin Frau Kördel hat das auch gesagt und man darf niemals ohne einen Erwachsenen aufs Eis gehen, und das ist eigentlich schön blöd, weil das Eis ja erst dadurch richtig gefährlich wird, dass die Erwachsenen darauf rumtrampeln, denn sie sind ja viel schwerer und dann bricht das Eis und wer ist schuld, natürlich wieder die Kinder, ist ja klar, und jedenfalls waren wir am Teich, der ist so groß, dass die älteren Kinder darauf Hockey spielen können und die kleinen fahren herum, und ich war auch da mit dem Fritz und wir haben Steine aufs Eis geschmissen und da ist so ein Großer gekommen mit einer ganz coolen Eishockey-Ausrüstung mit allem Drum und Dran und er hat ausgesehen wie ein Superheld, außer im Gesicht, weil er da unheimlich viele Pickel hatte, und meine Mama hat mal gesagt, dass es die schlimmste Zeit ihres Lebens war, wo sie so viele Pickel hatte, und der große Junge hat bestimmt auch gerade eine schlimme Zeit, weil er ganz schlechte Laune hatte, und er hat uns verboten, die Steine zu schmeißen, weil man dann nicht mehr richtig übers Eis fahren kann und wir seien Hohlköpfe und so was, und das hat uns gar nicht gefallen und als er wieder weg war, da habe ich noch einen größeren Stein geworfen und der Fritz auch, und er hat sich da aber ein bisschen doof angestellt, weil er nämlich nicht nur den Stein geworfen hat, sondern er hat dabei seinen Handschuh gleich mitgeworfen, der ist ganz weit auf den Teich geflogen und mittendrauf liegen geblieben und ich habe zu Fritz gesagt, dass er ein ganz schöner Hohlkopf ist und was machen wir denn jetzt, und er hat losgeheult, dass er nicht ohne den Handschuh nach Hause kommen kann,

weil seine Mama ihn dann wahrscheinlich in eine Blume verzaubert und dann kann er den Rest seines Lebens auf der Fensterbank rumstehen und auf frisches Wasser warten, und das hat mich auf die Idee gebracht, dass wir einfach warten und wenn das Eis getaut ist und das Wasser wieder da ist, dann treibt der Handschuh einfach an Land und er muss ihn nur zu Hause auf der Heizung trocknen, und das war eigentlich eine gute Idee und wir haben auch eine halbe Stunde gewartet, aber das Eis ist nicht geschmolzen und dann wurde es dunkel und die großen Jungs sind nach Hause gegangen, aber wir standen immer noch am Ufer und dann habe ich gesagt, es wäre doch gelacht und auch wenn wir das nicht durften, könnten wir ruhig drüberlaufen, schließlich sei das ein Notfall, und dann bin ich los, um den Handschuh zu holen, und Fritz ist

mitgegangen, weil wir erstens Freunde sind und zweitens war es ja sein blöder Handschuh, und wir haben ihn geholt und auf dem Rückweg hat es plötzlich geknackt und dann kracks, bin ich mit dem Fuß ins Eis eingebrochen, weil da ein kleines Loch war, und wo kam das kleine Loch her, natürlich von dem großen Stein, den ich geworfen habe, das muss ich schon zugeben, und ich habe den Fuß schnell aus dem Wasser gezogen, aber es hat nichts genutzt, weil das Loch schon zu groß war und ich bin ganz reingebrochen und es war eisekalt und ich glaube, dass ich ein kleines bisschen geweint habe, aber nur vor Schreck, weil es so kalt war, aber der Teich war an der Stelle nicht tief und ich habe nur bis zu den Knien im Wasser gestanden, aber das hat mir schon gereicht und der Fritz war da schon am Ufer und hat immer gerufen, ich soll einfach rauskommen, aber das ist nicht so einfach und ich habe das Eis vor mir durchgebrochen und am Ende habe ich es geschafft und bin rausgekommen, aber ich war unten ziemlich nass und dann sind wir nach Hause gelaufen und meine Mama hat mir die Sachen ausgezogen und ich bin in die Wanne und sie hat mir einen Kakao gemacht und heute musste ich nicht in die Schule, weil ich ein bisschen krank bin, und das ist natürlich nicht so schlecht: Erst was Dummes anstellen und nachher Plätzchen ans Bett kriegen.

HERR KLEINHUBER IST MEIN FREUND

ALSO, was ich im Winter nicht so gut finde, das ist, dass es kein Eis gibt, also draußen schon, aber im Kühlschrank nicht und meine Mama sagt, es sei die falsche Jahreszeit für Eis, dabei stimmt das ja nicht, weil es im Kino auch im Winter Eis gibt, und das ist ja auch drinnen, das Kino und da bekomme ich immer ein Eis, auch im Dezember und mein Papa hat gesagt, das sei was anderes, und das verstehe ich nicht, weil er im Sommer genauso viel Bier trinkt wie im Winter und das ist auch im Kühlschrank und Butter auch und Eier und so weiter, und meine Mama hat gesagt, das seien alles Sachen, die man immer braucht, dabei braucht man Eis auch immer und sie hat das nicht verstanden und neulich, da hatten sie abends Besuch und was hat es da gegeben: Eis mit heißen Himbeeren und das fand ich ungerecht und da habe ich Krawall gemacht und mein Papa fand das gar nicht lustig, weil der eine Mann, der da zu Besuch war, das war nämlich sein Chef und der hat zum Papa gesagt, er fände es auch ziemlich ungerecht, und er hat mir sein Eis mitsamt den Himbeeren geschenkt und er ist sehr nett, der Chef vom Papa, obwohl er eine ganz hässliche Krawatte hatte und eine Glatze und er hat die ganze Zeit geredet, der Chef, und dann hat mein Papa immer laut gelacht, auch wenn er sonst eigentlich nie so laut lacht, und als der Herr Kleinhuber, so heißt der Chef, mir sein Eis geschenkt hat, da hat der Papa gar nicht mehr gelacht und er hat gesagt, ich soll jetzt mal langsam ins Bett gehen und dabei war es noch gar nicht spät und Samstag und Herr Kleinhuber hat gesagt, so sei der Papa in der Firma auch immer und dass man auch mal alle fünfe gerade machen müsse oder so, und das habe ich nicht verstanden und Papa hat ganz komisch geguckt und sein Eis gegessen und es ist ihm was aufs Hemd getropft und dann ist er auf die Toilette gegangen und Herr Kleinhuber hat sich noch mein Zimmer angeguckt und er hat gesagt, dass er mal mit meinem Bumerang wirft im Sommer, und darauf freue ich mich schon, weil man das nur gut im Sommer machen kann und auf jeden Fall will er mich wieder mal besuchen und ich bin dann ins Bett gegangen und jetzt ratet mal, was am nächsten Tag im Kühlschrank war, nämlich Eis am Stiel und da hat meine Mama wohl beim Einkaufen ihre Meinung geändert und das muss man meinen Eltern lassen, manchmal sind sie wirklich ganz vernünftig.

MEIN ERSTER AUFTRITT

ALSO, der Herr Klokov, das ist mein Klavierlehrer und er ist ziemlich berühmt, hat meine Mama mal erzählt, aber das glaube ich nicht so, weil wenn er berühmt wäre, dann wäre er im Fernsehen und nicht bei uns in der Musikschule und dann würde er nicht da rumsitzen und mit mir »Horch was kommt von draußen rein« spielen und ich glaube, ich habe schon einmal erzählt, dass ich einmal die Woche zu ihm muss und dann bringt er mir bei, wie man Klavier spielt, und er wackelt mit dem Kopf und manchmal, wenn ich nicht gut geübt habe, sagt er, dass er lieber wieder nach Warschau gehen würde, und jedenfalls hat der Herr Klokov ein großes Konzert beim Weihnachtsschulfest organisiert und da musste ich auftreten und alle anderen Schüler von ihm auch und ich war unheimlich aufgeregt und Herr Klokov hat gesagt,

das heißt Lampenfieber oder so, aber mir war eigentlich kein bisschen warm und zuerst waren die Mädchen aus der Vierten dran und sie haben was getanzt und sahen aus wie dicke weiße Vögel, und meine Mama hat gesagt, das seien Schwäne, und dann kam der Schuldirektor und hat gesagt, dass es gleich Punsch gibt, und die Väter haben hoho gemacht und dabei weiß ich nicht, was daran so toll sein soll, weil es schmeckt nur wie warmer Wein und ich verstehe nicht, dass die Väter so etwas gerne trinken, aber ich verstehe auch nicht, was an Sauerkraut so toll ist und das mögen die Erwachsenen auch, und dann kamen wir dran und Herr Klokov hat sich ganz komisch ans Klavier gestellt und er hat was gesagt, aber man versteht ihn nicht so gut, den Herrn Klokov, weil er aus Polen kommt, und dann musste die Annemarie was spielen und sie konnte es aber nicht so richtig und sie ist nicht bis zum Ende gekommen, weil sie plötzlich angefangen hat zu heulen, und da ist ihre Mama auf die Bühne gekommen und alle haben geklatscht, obwohl die Mama von der Annemarie gar nicht gespielt hat, sondern die Annemarie, und danach war der Konstantin dran und das, was er gespielt hat, kann ich auch und er hat es aber doppelt so schnell gespielt wie nötig, vielleicht weil er schnell fertig werden wollte damit, und dann sollte ich mein Lied vorspielen und da hatte ich plötzlich fürchterliche Angst,

dass ich mich verspiele und alle lachen und dann kommt wieder die Mutter von der Annemarie auf die Bühne oder so, und Herr Klokov hat mich mit seinen großen Augenbrauen angesehen, und da habe ich meinen Papa im Publikum entdeckt, das war eine ziemliche Überraschung, weil ich dachte, dass er lieber in die Arbeit geht als aufs Schulfest, und er hat gelacht und ein Auge zugeknipst und da habe ich gedacht, dass ich es vielleicht doch hinkriege, und habe mich ans Klavier gesetzt und was soll man sagen: Es war prima, weil ich mich kein bisschen verspielt habe und es hat alles geklappt und alle haben geklatscht, sogar der Herr Klokov und danach hat er mit meinem Papa einen Punsch getrunken und er hat gesagt, dass er sehr zufrieden gewesen ist, und ich glaube, er geht jetzt erst mal nicht nach Warschau.

HEILIGABEND

ALSO, an Heiligabend ist es bei uns immer unheimlich aufregend, das fängt schon morgens an, weil mein Papa dann den Baum reinholt, und dann stellt er ihn in so einen Eisentopf und die Spitze biegt sich unter der Decke und dann denkt er nach, ob er die Spitze abschneidet oder lieber unten was absägt, und dann sagt Mama, er soll unten was absägen, weil man sonst den Stern nicht draufstecken kann, und das finde ich auch, weil ich nämlich den Stern gebastelt habe, und dann holt der Papa die Säge und diesmal hat er nicht nur ein Stück vom Baum abgesägt, sondern auch etwas vom Sofa, weil er den Baum darübergelegt hat,

und Mama war sauer und ist in die Küche gegangen, und ich dachte schon, das wird ja ein schönes Weihnachten, aber dann haben sie sich wieder vertragen und auf der Sofalehne liegt jetzt immer eine Decke und das sieht sehr schön aus, findet der Papa, und er gießt einen Rotwein aus der Flasche in eine andere Flasche, damit der Wein atmen kann und dabei kann ein Wein gar nicht atmen und ich glaube, er hat mich nur veräppelt und jedenfalls habe ich den großen Glasstopfen genommen, der neben der Flasche lag und habe ihn ganz fest hineingedrückt, weil mein Papa mal gesagt hat, dass man Flaschen immer verschließen soll, besonders Limonade und Mineralwasser, weil es sonst nicht mehr schmeckt, und ich dachte, ich tue ihm einen Gefallen, aber dann ist Papa mit der Flasche rumgelaufen und hat gerufen, welcher Blödmann die Giraffe zugemacht hat, und dabei war da nirgendwo eine Giraffe und man kann die ja auch nicht zumachen und manchmal ist er mir ein Rätsel, der Papa, und auf jeden Fall hat er den Glasstopfen nicht mehr rausbekommen aus der Flasche und er hat sie aus Versehen kaputt gemacht, und dann hat er gesagt, dass für ihn Weihnachten gelaufen ist, aber das stimmte nicht, weil er später doch wieder gute Laune hatte, und ich war ziemlich froh, weil ich es nicht mag, wenn bei uns Streit ist und dann sind wir in die Kirche gegangen, außer Mama, die ist nicht mitgekommen, weil sie gesagt hat, dass sie aufs Christkind warten muss und irgendwer muss ihm ja die Tür aufmachen, und dabei glaube ich gar nicht mehr so richtig ans Christkind, weil es ja wohl nicht sein kann, dass ein einziges Christkind die ganzen Geschenke für alle Kinder der Welt ganz alleine rumschleppt, das muss man sich mal überlegen, dass das nicht gehen kann, weil es insgesamt auf der Welt mindestens 1000 Kinder gibt und das kann das Christkind gar nicht alleine schaffen, aber vielleicht irre ich mich auch, und in der Kirche ist es an Weihnachten schön, weil überall Kerzen brennen, und ich durfte beim Krippenspiel mitmachen und ich war einer von den blöden Nachbarn, die Maria und Josef nicht reinlassen wollen, und ich musste sagen: »Den Riegel vor, ich sage Nein!« und das habe ich auch gesagt und dann habe ich dem Constantin – der war der Josef – die Tür mitten ins Gesicht geschmissen und das war natürlich nicht mit Absicht, aber er hat sich ein bisschen wehgetan und hatte Nasenbluten und so war es wahrscheinlich in Jerusalem für den echten Josef damals auch, und nach der Kirche sind wir zu Fuß nach Hause gegangen, der Papa und die Therese und ich, und ich war total aufgeregt, weil ich wusste, wenn die Mama vor der Haustür eine Kerze aufgestellt hat, dann war das Christkind da, und tatsächlich: Da hat eine Kerze gebrannt und

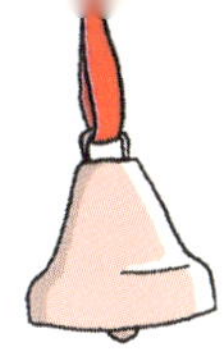

ich bin wie der geölte Blitz zur Tür gelaufen und habe geklingelt und dann haben wir vor dem Baum gestanden und ich habe vor Aufregung fast ein kleines bisschen geweint und Mama und Papa haben sich geküsst und dann musste ich aber erst noch was auf dem Klavier spielen und Therese auf der Gitarre, weil Mama und Papa das schön finden, und wenn ihnen das so gut gefällt, dann könnten sie ja auch selber mal was spielen, aber das machen sie nie, und dann haben wir reihum etwas ausgesucht von den Geschenken und bei uns darf immer nur einer gleichzeitig was aufmachen, weil der Papa findet, das hat mit

Respekt zu tun oder so was und es war trotzdem ganz toll, und am Ende habe ich doch mehr vom Wunschzettel gekriegt, als ich dachte, aber es war überhaupt kein Hase dabei, obwohl ich mir so irre dringend einen gewünscht hatte, sondern bloß ein Hamster, weil die Mama gesagt hat, dass ich erst einmal mit einem kleinen Tier üben soll, und ich weiß gar nicht, was ich mit dem üben soll, weil er eigentlich gar nichts macht, außer wie ein Irrer im Laufrad rumzurennen, und Papa hat gesagt, dieser Hamster würde ihn sehr an ihn selber erinnern, aber das habe ich nicht verstanden, also mein Papa ist mir manchmal echt ein Rätsel.

DER BÖLLER

ALSO, das Doofe an Silvester ist, dass es eigentlich ein Fest für Kinder ist, aber es fängt erst so spät an, und da schlafen normale Leute schon längst und das verstehe wer will und es macht aber trotzdem Spaß, und mein Papa und ich, wir sind in den Baumarkt gefahren und haben ein Feuerwerk gekauft mit Raketen und so und Heulern und Sprühregen und allem Drum und Dran, obwohl die Mama sagt, dass sie es blöd findet und Geldverschwendung und ich muss jetzt mal sagen, dass ihr Parfüm noch viel mehr Geldverschwendung ist, weil es nicht mal knallt, und ich liebe Böller und der Krach ist ja gerade das Tolle, aber sie sind auch ganz schön gefährlich und man muss aufpassen, sonst fliegt einem der Arm weg und ich darf nichts alleine anzünden, aber ich darf ja noch nicht einmal den Adventskranz alleine anzünden, obwohl ich das schon mal gemacht habe, und da war ganz schön was los bei uns, wo ich jetzt aber nicht weiß, ob es wegen der Kerze war oder wegen dem Streichholz, weil man super damit malen kann, wenn sie abgebrannt sind, und ich habe ein Männlein damit auf die Tapete gemalt, aber das ist schon lange her und jetzt mache ich so einen Blödsinn nicht mehr, und auf jeden Fall haben wir das Feuerwerk gekauft und da war ein Mann, der hat da gearbeitet, und er hat den Papa gefragt, ob er mal was ganz Besonderes haben will zum Rumknallen, und Papa hat geantwortet, immer her damit, und der Mann hat uns einen ganz krassen Böller gezeigt, der war größer als eine von den großen Kartoffeln, die wir im Sommer ins Lagerfeuer geworfen haben, und Papa hat ihn gekauft und gesagt, den heben wir uns für ganz am Ende auf, und das fand ich blöd, weil ich Angst hatte, dass ich ganz am Ende wahrscheinlich eingeschlafen bin und dann habe ich nichts von dem Riesenböller, aber Papa hat mir versprochen, er weckt mich, und wir haben erst mal abends Fondue gemacht und da muss man auch sehr aufpassen, dass man den Topf nicht umschmeißt und wer weiß, was da alles passieren kann, und danach war Bleigießen dran und da muss man auch aufpassen, denn da

können schlimme Dinge passieren und insgesamt ist Silvester supergefährlich, und als ich fast eingeschlafen war, da war es Mitternacht und Mama und Papa haben Sekt getrunken und ich durfte mal nippen, aber es schmeckt nicht, es schmeckt wie der uralte Apfelsaft, den ich unter meinem Bett gefunden habe, aber Erwachsene trinken es trotzdem, und dann war es endlich so weit, dass wir unsere Raketen abgeschossen haben und Papa hat sich ganz viel Mühe gegeben, weil der Herr Neugebauer von gegenüber auch draußen war und der hatte auch Raketen und ich habe gedacht, gleich schießen sie sich mit den Raketen ab, aber es ist nichts passiert und als wir gar nichts mehr hatten, da hat mein Papa gerufen »Sooo, wo haben wir denn unseren Superböller?« und der Herr Neugebauer hat ganz komisch geguckt, weil er damit wohl nicht gerechnet hatte, und Papa hat den Riesenkracher aus der Tüte geholt und ihn ganz vorsichtig auf den Boden gelegt und dann hat er ihn angezündet und gerufen, dass wir ganz weit weggehen sollen, und das habe ich auch gemacht und ich habe mich hinter Papa versteckt und dann hat die Lunte gezischt und es war

superspannend und dann hat es aber nur so ein ganz merkwürdiges Geräusch gegeben, wie wenn unser Hund einen fahren lässt, und sonst ist gar nichts passiert und Herr Neugebauer hat sich schlappgelacht und Papa war ziemlich sauer deswegen und ich finde, dieser Superböller war eigentlich genauso aufregend wie die große Kartoffel, die wir ins Lagerfeuer geschmissen haben, aber die konnte man wenigstens hinterher noch essen.

CHARLOTTE

ALSO, in den Skiferien, da habe ich ein Mädchen kennengelernt und ich weiß schon, Mädchen sind irgendwie komisch, aber die nicht, die war ganz normal und sie hieß Charlotte und wohnt in Berlin, wo immer das nun wieder sein mag, und sie hat gesagt, es ist die größte Stadt in Deutschland, aber da hat sie bestimmt geflunkert, weil ich schon mal in Nürnberg war auf dem Weihnachtsmarkt und das ist der größte, und warum sollte der dann in einer Stadt sein, die nicht die größte ist, das hat ja keinen Sinn und auf jeden Fall habe ich sie in der Skischule kennengelernt, wo Therese und ich hinmussten, und ich glaube, Mama und Papa haben uns nur da hingeschickt, damit sie alleine sein können, Erwachsene sind manchmal so und sie wollen auch mal ihre Ruhe haben, wobei da in dem Skiort war es nicht sehr ruhig und ist ja auch egal, die Charlotte war bei mir in der Pinguingruppe und sie hat mich immer so angelächelt und ich glaube, sie hat mich gemocht und da habe ich ihr den Stock aufgehoben, den sie verloren hat, und dafür hat sie mir beim Mittagessen ihren Kaiserschmarrn geschenkt und das macht man ja nicht, wenn man einen nicht leiden kann, und man kann sogar mit ihr reden und Therese hat dann abends gesagt, ich wäre verknallt in Charlotte, aber das war Quatsch, weil ich ja nicht gleich heiraten will und ich habe der Therese beim Abendessen einen Rosenkohl ins Auge geworfen, weil sie mich geärgert hat, und dann musste ich hoch in mein Zimmer und es war mir egal, weil ich Rosenkohl sowieso nicht ausstehen kann, und später ist der Papa aber noch gekommen und hat mir ein Stück Kuchen vom Nachtisch gebracht und er hat mich gefragt, ob ich Charlotte wirklich mag, und ich habe nachgedacht und Ja gesagt und da hat mein Papa gesagt, dass man sich deswegen nicht schämen muss und es ist in Ordnung und Therese hat es nicht so gemeint, und am nächsten Tag ist Charlotte abgereist nach Berlin, weil sie schon eine Woche länger da waren als wir, und sie hat mir einen Zettel gegeben, wo ihre Adresse und ihre Telefonnummer draufgestanden haben, den hat ihre Mama für sie geschrieben und ich habe ihn in meine Hosentasche gesteckt und dann sind sie gefahren und ich war traurig und zu Hause hat meine Mama dann die Hose gewaschen und man kann überhaupt nichts mehr erkennen auf dem Zettel und die Adresse ist futsch, aber das macht eigentlich nichts, weil ich überlegt habe, ich fahre einfach mal nach Berlin und suche sie, so groß kann das da ja nicht sein, eigentlich.

DER WINTER DAUERT SOOO LANGE

ALSO langsam reicht es mir mit dem Winter und ich finde, der dauert jetzt schon ganz schön viel zu lange, und am Anfang findet man den Winter ja noch super, wenn man nach Hause kommt und die Brillengläser werden ganz neblig, aber das geht auch, wenn die Mama Nudelwasser abschüttet und man guckt in den Topf

und das macht Spaß, weil man sich fühlt wie ein Monster, und ich mag auch eigentlich den Schnee, aber jetzt ist er nur noch matschig und fies und man kann gar nichts mehr damit anfangen, und deshalb wird es mir langsam zu viel mit dem Winter und ich möchte, dass jetzt bald endlich Ostern ist, weil man da im Garten nach Eiern und Süßigkeiten suchen kann, und ich kann es kaum abwarten, und gestern Abend, als der Papa mich ins Bett gebracht hat, da habe ich ihn gefragt, wie lange es noch dauert, und er hat gesagt, es ist noch ein paar Wochen hin, und dann hat er mir erklärt, wie das mit dem Jahr funktioniert und er hat gesagt, erst kommt Ostern, dann kommen die Blumen und dann werden die Bäume wieder grün und dann kommt der Sommer und dann habe ich Geburtstag, das ist, wenn es Kirschen gibt, und dann sind die großen Ferien und wir fahren in den Urlaub und dann fängt die Schule wieder an und dann fallen die Blätter von den Bäumen, aber es ist noch warm, und dann wird es immer früher dunkel und dann kommt der Sankt Martin und dann der Adventskalender und dann der Nikolaus und danach kommen Weihnachten und Silvester und dann fahren wir in die Skiferien und dann kommt noch Fasching, und wenn es einem dann langsam langweilig wird mit dem Winter, dann ist endlich Ostern und der Osterhase kommt und ich habe gedacht, vielleicht kann ich ja den fangen und ich setze ihn zu meinem Hamster in den Käfig, obwohl das ziemlich eng wird für beide, und jedenfalls geht an Ostern alles von vorne los und das finde ich auch gut so, weil wenn es immer wieder von vorne losgeht, dann muss man überhaupt keine Angst haben, dass man irgendwas verpasst und ich finde, das ist das Schlimmste im Leben, und Papa hat mir ein Küsschen gegeben und er hat gesagt, dass ich ganz bestimmt nichts verpasse, und dann bin ich eingeschlafen und vorher habe ich an den Sommer gedacht und eins stimmt wirklich, also ich liebe den Sommer fast noch mehr als den Winter, das könnt ihr mir glauben, mir: dem Max.

JAN WEILER, 1967 in Düsseldorf geboren, besuchte die Deutsche Journalistenschule, war u. a. Chefredakteur des Süddeutsche Zeitung Magazins und ist seit 2005 freier Schriftsteller. Er verfasst vor allem Romane, Kolumnen, Hörspiele und Drehbücher und tritt auch als Sprecher auf seinen CDs und als Vorleser auf Tourneen durch ganz Deutschland in Erscheinung. Er lebt in München und Umbrien.

OLE KÖNNECKE, 1961 geboren, wuchs in Schweden auf und lebt in Hamburg. Seit 1990 hat er über 30 Bücher gestaltet, für die er mehrfach mit nationalen und internationalen Preisen ausgezeichnet wurde.

MIX
Papier | Fördert gute Waldnutzung
FSC® C084279

1. Auflage
2024 dtv Verlagsgesellschaft mbH & Co. KG, München
Lizenzausgabe mit freundlicher Genehmigung
der Carl Hanser Verlag GmbH & Co. KG, München

Umschlaggestaltung: dtv nach einem Entwurf von Stefanie Schelleis, München
Umschlagillustration und -lettering: Ole Könnecke, Hamburg
Druck und Bindung: Print Consult GmbH
Printed in Slovakia · ISBN 978-3-423-62798-6